Le mot juste

DANS LA MÊME COLLECTION

Conjugaison française, Librio n° 470
Grammaire française, Librio n° 534
Conjugaison anglaise, Librio n° 558
Le calcul, Librio n° 595
Orthographe française, Librio n° 596
Grammaire anglaise, Librio n° 601
Solfège, Librio n° 602
Difficultés du français, Librio n° 642
Vocabulaire anglais courant, Librio n° 643
Conjugaison espagnole, Librio n° 644
Dictées pour progresser, Librio n° 653
Dictionnaire de rimes, Librio n° 671
Jeux de cartes, jeux de dés, Librio n° 705
Figures de style, Librio n° 710
Mouvements littéraires, Librio n° 711
Grammaire espagnole, Librio n° 712
Latin pour débutants, Librio n° 713
Formulaire de mathématiques, Librio n° 756
La cuisse de Jupiter, Librio n° 757
Maths pratiques, maths magiques, Librio n° 763
Le dico de la philo, Librio n° 767
Adolescence, mode d'emploi, Librio n° 768
La géométrie, Librio n° 771
Le dico du franglais, Librio n° 921
Grand Librio – *Expression française*, Librio n° 832

Pierre Jaskarzec

Le mot juste

Pièges, difficultés et nuances du vocabulaire

Nouvelle édition revue et augmentée

Librio
Inédit

© E.J.L., 2006, pour la première édition.
© E.J.L., 2011, pour la présente édition.

Introduction

> « Vous voulez que toujours je l'aie à mon service
> Pour mettre incessamment mon oreille au supplice ?
> Pour rompre toute loi d'usage et de raison,
> Par un barbare amas de vices d'oraison,
> De mots estropiés, cousus par intervalles,
> De proverbes traînés dans les ruisseaux des Halles ? »
>
> (*Les Femmes savantes*, MOLIÈRE)

C'est ainsi, dans *Les Femmes savantes*, que Philaminte congédie Martine, sa malheureuse servante, pour avoir usé de mots estropiés et d'impropriétés. À l'époque de Vaugelas – le maître du bon usage – et de la toute jeune Académie française, le crime linguistique ne pardonnait pas. La chasse aux « fautes de français » était lancée pour des siècles. Le martyre de Martine allait se perpétuer à travers des générations de Français et de francophones...

Les temps ont changé. Si le poids des normes linguistiques reste considérable en France, les ouvrages péremptoires du type « Dites... ne dites pas... » sont devenus rares. Dans les journaux, les chroniques de langue fustigeant les incorrections ont même disparu. Aujourd'hui, les livres consacrés aux difficultés du français manient moins le bâton que la pédagogie. Et cette dernière n'exclut ni la légèreté, ni l'amusement, ni le plaisir des mots.

C'est dans cet esprit que s'inscrit *Le mot juste*. L'ouvrage est destiné à tous ceux qui souhaitent améliorer leur maîtrise du vocabulaire ainsi que leur expression écrite et orale. Présenté sous forme d'articles, il permet de s'assurer du sens d'un mot à travers une définition claire, illustrée par des exemples. Les emplois fautifs ou « critiqués » sont toujours signalés, mais sans purisme dépassé.

Concrètement, les lecteurs trouveront parmi plus de deux cent cinquante mots et locutions traités :
- des mots déformés (du type « omnubiler », « rénumérer », etc.) ;
- des impropriétés (ou tout au moins des glissements de sens discutés) ;
- des verbes qui connaissent des nuances de sens selon la préposition avec laquelle ils se construisent (par exemple *participer à* / *participer de*) ;
- des pléonasmes parmi les plus courants ;
- des anglicismes (que l'on cherche parfois à éviter sans bien savoir quels autres mots employer).

Et surtout :

Des *paronymes*...

Les paronymes sont des mots voisins par la forme mais différents par le sens. Une bonne part des erreurs et des confusions sur le sens des mots est due à... (attention, lecteurs, voici une magnifique expression pédantesque) « l'attraction paronymique ». Certains pièges sont des « classiques » du genre (*éminent* / *imminent*, *effraction* / *infraction*, etc.), mais d'autres sont plus redoutables, surtout lorsque les mots sont proches à la fois par la forme et par le sens (le couple *prolifique* / *prolixe* en est un bel exemple).

L'attraction paronymique, c'est un peu comme l'attraction terrestre : nul n'y échappe, pas même les beaux esprits. Le meilleur moyen d'y résister ? S'efforcer de dissocier soigneusement les mots, selon leur forme et leur sens. Apprendre aussi à mieux les connaître par leur étymologie, leur histoire, leurs emplois, pour mieux les reconnaître.

C'est ce que s'efforce de faire, modestement mais fermement, ce petit ouvrage.

Pierre JASKARZEC

Les mots suivis d'un astérisque (*) sont expliqués dans le lexique, p. 95.

A

À / CHEZ (+ nom de lieu)

Le choix entre les prépositions *à* et *chez* dépend de ce que désigne le complément de lieu qui suit. Si c'est le lieu lui-même qui est désigné (commerce, établissement public), la préposition *à* s'impose. Ainsi, on va *à* la boulangerie, *à* l'hôpital, etc. Si l'on désigne le lieu par le nom de la personne qui l'occupe, on emploie *chez*. On se rend *chez* le boucher, *chez* le dentiste, etc.
L'hésitation naît quand le nom d'une enseigne commerciale est aussi un nom de personne. Le bon usage recommande d'employer *chez*. On fait ses courses *chez* Fauchon ou, plus modestement, *chez* Leclerc, parce que ces enseignes portent le nom de leur fondateur respectif.

> **À NOTER**
> « Aller au coiffeur, au boucher », etc., est une construction jugée très fautive. Notons cependant que l'on allait autrefois *à l'évêque* ou même *au pape*, pour s'adresser à eux. Dans un tout autre contexte, *aller aux filles* est toujours en usage.

À L'ATTENTION DE / À L'INTENTION DE

À l'attention de est une mention placée en tête d'une lettre, d'une note, etc., afin d'en désigner le destinataire. Exemple : *à l'attention de Paulette Guilloux, personnel et confidentiel*. Une telle formule indique que l'on porte un message *à l'attention de* Paulette.
À l'intention de signifie « spécialement pour quelqu'un ;

en son honneur ». Exemple : *Louis Guinchard a fait dire une messe à l'intention de Paulette Guilloux, décédée le mois dernier.*

À L'INSTAR DE

À l'instar de signifie « à l'exemple de, à la manière de ». Exemple : *à l'instar d'autres pays européens, la France s'est engagée à développer les biocarburants.*
Cette locution* prépositive est parfois employée par contresens comme si elle signifiait « au contraire de, à l'inverse de », ce qui ne peut que susciter incompréhension et quiproquos...

ACCEPTION (d'un mot) [et non « acceptation »]

L'*acception* d'un mot, c'est le sens dans lequel il est employé. Exemples : *les différentes acceptions d'un mot, l'acception propre, l'acception figurée*, etc.
Acception est parfois confondu avec son paronyme* *acceptation*, d'où l'erreur qui consiste à parler de l'« acceptation d'un terme ».
Dans toute l'acception du terme : « au sens fort, celui qui est le plus expressif ». Exemple : *cette chanteuse est géniale, dans toute l'acception du terme.* Autrement dit, cette chanteuse est véritablement géniale, elle a bel et bien du génie.

ACHALANDÉ (bien, mal)

Achalandé est dérivé de *chaland*. En ancien français, le *chaland* c'est l'ami, le compagnon. Au XVIe siècle, le sens du mot s'affaiblit : l'ami devient le client, le « bon client », celui qui est régulier, fidèle. Une boutique *bien achalandée* a donc d'abord désigné une boutique pleine de clients puis, par glissement de sens* de l'effet à la cause, une boutique bien approvisionnée. Cette nouvelle signification a pris le pas sur la précédente, au point qu'elle est aujourd'hui la plus courante, comme le soulignent les dictionnaires contemporains. Cet emploi reste cependant critiquable, car il éloigne *achalandé* de la famille de mots construite sur le radical *chaland* : *achalander* (« procurer des clients à... »), *achalandage* (« clientèle attachée à un fonds de commerce »), *zone de chalandi...* (« espace où vivent, travaillent, circulent les clients potentiels d'un commerce »). Au Québec, *achalandé* reste toujours très vivant au sens de « fréquenté » (*une rue très achalandée*).

> À NOTER
> *Chaland* est le participe présent de l'ancien verbe *chaloir*, « être important pour quelqu'un », qui subsiste dans l'expression vieillie* *peu me chaut*, « peu m'importe ».

ACRONYME / SIGLE

Un *sigle* est la suite des initiales d'un groupe de mots qui forme un mot à part entière. On l'écrit généralement aujourd'hui sans points abréviatifs. SNCF (Société nationale des chemins de fer français) ou RTBF (Radio-télévision belge de la communauté française) sont des *sigles*. Sous l'influence de l'anglais *acronym*, on emploie parfois *acronyme* comme synonyme* de *sigle* alors que son sens est plus restreint. Un *sigle* se prononce lettre après lettre, tandis qu'un *acronyme* se prononce comme un mot ordinaire. OVNI (objet volant non identifié), SIDA (syndrome d'immunodéficience acquise) sont des *acronymes*. Ils peuvent s'écrire comme des mots ordinaires : *ovni*, *sida*.

> À NOTER
> Depuis la seconde moitié du XXe siècle, le nombre grandissant d'organismes publics ou privés (avec leur cortège de départements et de services) a entraîné une prolifération de sigles dans la communication orale et écrite. Avant de faire un usage immodéré et systématique de certains sigles, on s'assurera qu'ils sont connus de notre interlocuteur...

AGONIR / AGONISER

On entend (ou on lit) parfois une curieuse locution*, « agoniser d'injures », qui semble sans rapport avec le sens d'*agoniser*, « être à l'article de la mort ».
Il s'agit en fait d'une altération d'« agonir d'injures ». *Agonir* quelqu'un, c'est l'accabler d'injures, ou de toutes sortes de

choses désagréables : de sottises, de reproches, de sarcasmes, etc.

> **À NOTER**
> L'origine d'*agonir* est incertaine. On suppose le mot né du croisement d'*agonie* et de l'ancien verbe *ahonnir*, « insulter, faire honte ». Ce verbe, qui se conjugue comme *finir*, se trouve notamment chez les écrivains qui ont fait vivre la langue populaire en littérature (Céline, Queneau…). L'exemple suivant souligne avec humour la confusion entre *agonir* et *agoniser* :
>
> « — Elle est culottée, celle-là, dit Turandot. La vlà qui m'agonise maintenant. »
> (*Zazie dans le métro*, Raymond QUENEAU)

AÏEULS / AÏEUX

Le mot *aïeul* a deux pluriels, *aïeuls* et *aïeux*, qui ont été longtemps confondus, y compris dans l'usage littéraire.
Les *aïeuls*, ce sont les grands-parents maternels et paternels (registre littéraire* et vieilli*).
Les *aïeux*, ce sont les ancêtres (registre littéraire).

> **À NOTER**
> Les mots *aïeuls* et *aïeux* ont d'abord été employés indifféremment pour désigner les grands-parents ou les ancêtres. À partir du XVIIIe siècle, on a restreint *aïeuls* aux seuls grands-parents et réservé *aïeux* aux ancêtres. Les *bisaïeuls* sont les arrière-grands-parents, les *trisaïeuls* font remonter à la génération précédente.

ALLOCUTION / ÉLOCUTION

Ces deux paronymes*, si proches phonétiquement, sont nettement distincts du point de vue du sens, même s'ils ont tous deux trait au langage.
Allocution est emprunté au latin *adlocutio*, « discours ». L'*allocution* est un discours bref, généralement prononcé avec une certaine solennité. Le mot s'applique notamment à certains discours d'un chef d'État. Par exemple, en France, chaque année, au soir du 31 décembre, le président de la République adresse ses bons vœux à la nation au

cours d'une *allocution télévisée*. Exemple : *le chef de l'État a conclu son allocution télévisée par un vibrant : « Vive la France, vive la République ! »*
Élocution est dérivé du latin *elocutio*, « manière de parler ». L'*élocution*, c'est la manière d'articuler les sons lorsque l'on parle. Exemple : *Léo a fait un bilan orthophonique, car il a une mauvaise élocution : il parle trop vite et avale les syllabes.*

⚠ *Élocution* est parfois employé par erreur au sens d'*allocution*.

ALTERNATIVE

On est face à une *alternative* quand on doit choisir entre deux possibilités. Exemple : *se soumettre ou se révolter, voilà l'alternative*. C'est là le sens traditionnel du mot (depuis le XVIIe siècle) qui a longtemps dominé, au moins dans la langue écrite. Mais, par glissement de sens*, *alternative* est de plus en plus employé comme synonyme* de *possibilité*, de *choix*, de *solution de remplacement* (ici avec l'influence de l'anglais *alternative*). L'accent se trouve ainsi mis sur un seul des deux termes de l'*alternative*. Exemple d'emploi critiqué : « Les employés n'ont d'autre alternative que d'accepter le plan social pour éviter la délocalisation de leur usine. » Ce glissement sémantique semble si fortement installé dans l'usage (Littré* le condamnait déjà il y a plus d'un siècle) qu'une armée d'académiciens ne saurait l'en déloger...
Quant au fameux *solution alternative* (noter l'emploi adjectivé), on peut lui préférer *solution de rechange*, ou simplement *autre solution*.

> **À NOTER**
> *Alternative* doit être distingué de *dilemme*. Un *dilemme* est l'obligation de choisir entre deux possibilités qui présentent l'une comme l'autre de graves inconvénients. Mais l'usage actuel retient surtout la notion d'un choix difficile, que les conséquences soient favorables ou non.

⚠ Ne pas écrire « dilemne », par analogie avec *indemne*.

AMENER / APPORTER

L'usage courant fait rarement la distinction entre *apporter* et *amener*.

On *apporte quelque chose* (c'est-à-dire qu'on le porte avec soi), on *amène quelqu'un*. On *amène* (c'est-à-dire qu'on mène avec soi) un « animé » (être humain ou animal). Ainsi *amène*-t-on son enfant chez le pédiatre et son chat chez le vétérinaire. Avec un complément désignant un objet, on ne peut employer *amener* (au sens de « conduire, acheminer ») qu'avec une chose capable de mouvement, par exemple une voiture.

En résumé, le dimanche on *apporte* le gâteau mais on *amène* grand-mère, sans que l'un de ces deux verbes puisse se substituer à l'autre...

> À NOTER
> On distinguera de la même manière *emporter* et *emmener*.

ANTÉDILUVIEN [et non « antidiluvien »]

Le mot est composé du préfixe* *anté-* (du latin *ante*, « avant ») et de *diluvien*, « qui a trait au Déluge ». Est proprement *antédiluvien* ce qui s'est produit avant le Déluge, autrement dit en des temps immémoriaux, la Genèse situant le Déluge au début de l'humanité... Dans la langue courante, *antédiluvien* s'emploie par exagération et par plaisanterie pour désigner quelque chose de très ancien, de complètement démodé. Exemple : *Kévin a vexé Jason en qualifiant son téléphone portable d'antédiluvien.*

> ⚠ Les usagers butent régulièrement sur la prononciation de cet adjectif long et compliqué. **Antédiluvien** est souvent altéré en « antidiluvien » ou « antidéluvien », par analogie avec les mots formés sur le préfixe d'origine grecque *anti-*, très productif en français (*anti-âge*, *anticonstitutionnel*, *anticorps*, etc.).

APARTÉ

De l'italien *a parte*, « à part », un *aparté* est un échange verbal qui se tient à l'écart d'un groupe. Exemple : *le Président et le Premier ministre ont eu un bref aparté avant le*

Conseil des ministres. En aucun cas, un *aparté* n'est une sorte de parenthèse que l'on ouvre dans la conversation. Exemple fautif : « Je fais un aparté dans notre interview pour vous demander si... » La formulation qui convient est : « *Je fais une parenthèse...* »

> À NOTER
>
> Au théâtre, un *aparté* est une parole qu'un personnage prononce pour lui-même et qui est censée n'être entendue que des spectateurs. Le vaudeville a abondamment utilisé ce procédé :
>
> « PERRICHON, *achevant d'écrire* [...] "Que l'homme est petit quand on le contemple du haut de la *mère* de Glace !"
> DANIEL. Sapristi ! c'est fort !
> ARMAND, *à part*. Courtisan !
> PERRICHON, *modestement*. Ce n'est pas l'idée de tout le monde.
> DANIEL, *à part*. Ni l'orthographe ; il a écrit *mère*, r e, re ! »
> (*Le Voyage de Monsieur Perrichon*, Eugène LABICHE)

ARÉOPAGE [et non « aéropage »]

Un *aréopage* est une assemblée de personnes très compétentes dans leur domaine (registre littéraire*). Exemple : *un aréopage de chercheurs annoncent la création d'un vaccin contre la grippe aviaire efficace chez la souris.*
Le mot est parfois déformé en « aéropage », par analogie avec les mots commençant par l'élément d'origine grecque *aéro-* (« air ») que l'on reconnaît dans *aéronautique*, *aéroport*, etc.

> À NOTER
>
> Dans l'ancienne Athènes, l'*Aréopage* était un tribunal qui siégeait sur la colline d'Arès (dieu de la Guerre). Ce tribunal était spécialisé dans les horreurs en tout genre : incendies, empoisonnements, assassinats, etc.

ASTÉRISQUE [et non « astérixe »]

Astérisque fait partie de ces mots sur lesquels on trébuche toujours un peu, et qu'on déforme volontiers en « astérixe ». Loin d'être emprunté au gaulois, le mot est d'origine grecque, *asteriskos*, signifiant « petite étoile ». Un *astérisque*

(bien noter le genre masculin) est un signe typographique en forme d'étoile (*) qui remplit au moins trois fonctions :
- placé après un mot, il renvoie à une note explicative ou à un lexique ;
- dans certains ouvrages didactiques, placé avant un énoncé, il signale que celui-ci est « agrammatical » (ex. : *moi pas content) ;
- dans les romans, sous une forme triple (***), il se substitue à un nom propre que le narrateur masque ainsi au lecteur. Ce procédé, qui accentue le réalisme du récit, est courant au XIXe siècle :

« La comtesse *** n'était certes pas méchante mais, gâtée par le grand monde, elle était capricieuse, avaricieuse et enfermée dans un égoïsme froid, comme toutes les vieilles personnes qui ont passé l'âge d'aimer et à qui le présent est étranger. »
(*La Dame de pique*, Alexandre POUCHKINE)

Compte tenu de cet aimable portrait, il vaut mieux, en effet, que la comtesse reste anonyme...

ATTESTER

Issu du latin *testis*, « témoin », le verbe *attester* signifie « certifier, garantir » (avec pour sujet un nom de personne). Exemple : *le témoin a attesté que l'accusé était innocent*. *Attester* s'emploie également au sens de « porter témoignage de, prouver » (avec pour sujet un nom de chose) :

« De là vient l'extrême difficulté que je trouve à écrire. Mes manuscrits, raturés, barbouillés, mêlés, indéchiffrables, attestent la peine qu'ils m'ont coûtée. »
(*Les Confessions*, Jean-Jacques ROUSSEAU)

> **À NOTER**
> Dans le tour *attester quelqu'un de quelque chose* (vieilli* et littéraire), *attester* signifie « prendre à témoin ». Exemple : *l'accusé, qui se défend de toute dissimulation, a attesté le ciel de sa bonne foi.*

⚠ *Attester* est un verbe transitif direct*, c'est-à-dire qu'il se construit directement avec un complément d'objet, sans l'intermédiaire d'une préposition. « Attester de », pourtant fréquent dans l'usage (par analogie avec *témoigner de*), est ignoré de la plupart des dictionnaires et jugé irrégulier par Grevisse.

ATTRACTIF / ATTRAYANT

Attractif signifie « qui a la propriété d'attirer, qui exerce une attraction ». Les dictionnaires citent généralement l'aimant comme l'objet typiquement *attractif* (antonyme* : *répulsif*). Sous l'influence de l'anglais *attractive*, *attractif* se substitue parfois à *attrayant* : « qui exerce un attrait, qui plaît, qui séduit ». Cet anglicisme* sémantique est omniprésent dans un contexte commercial et publicitaire (« prix attractifs », « produits attractifs », etc.). Dans le domaine des sentiments l'affaire se corse. Une personne aimée est-elle *attractive* (au sens figuré*) ou *attrayante* ? Si elle nous plaît, si elle nous séduit, elle est pour le moins *attrayante*. Mais si elle nous attire irrésistiblement, avec une force comparable à celle de l'aimant, on peut dire sans trop craindre les foudres de la grammaire que cette personne est bel et bien *attractive*...

AU JOUR D'AUJOURD'HUI

Peu de pléonasmes* peuvent se vanter d'être autant à la mode que celui-ci. Pour autant, les détracteurs de *au jour d'aujourd'hui* ne manquent pas. Si Littré* se pinçait déjà le nez, le jugeant « fort peu recommandable », beaucoup le considèrent comme insupportable depuis qu'il est devenu un tic de langage. Sur la Toile, *au jour d'aujourd'hui* fait l'objet d'attaques haineuses et répétées, sans que son origine soit toujours bien expliquée.
Dans *aujourd'hui*, l'élément *hui* est une survivance de l'ancien français. C'est un emprunt au latin *hodie*, dont il reprend le sens : « le jour où l'on est ». Littéralement, *aujourd'hui* signifie « au jour de ce jour », ce qui est en soi un pléonasme, mais un pléonasme qui n'est plus perçu comme tel, par oubli de l'étymologie*. La forme renforcée

au jour d'aujourd'hui est donc un cas remarquable d'un double pléonasme, l'un opaque, l'autre transparent. Une pièce rare qui suscite l'amusement des uns... et l'exaspération des autres.

AVÉRER (s')

Du latin *verus*, « vrai », *s'avérer* a d'abord signifié « apparaître comme vrai ». Exemple : *la bonne nouvelle s'est rapidement avérée*. Cet emploi est vieilli* et littéraire. De nos jours, *s'avérer* a couramment le sens d'« apparaître comme, se révéler » et est toujours suivi d'un attribut. Exemple : *les chiffres de la croissance se sont avérés meilleurs que prévu*. Malgré cette évolution sémantique qui éloigne *avérer* de toute idée de vérité, certaines constructions restent très critiquées dans une langue soignée : « avérer vrai », « avérer faux ». Les oreilles sensibles, qui entendent toujours *vrai* dans le mot *avérer*, jugent « avérer vrai » pléonastique* et « avérer faux » contradictoire. Il s'agit en fait d'une considération purement étymologique*.

Tous ces interdits rendent l'emploi d'*avérer* bien intimidant. En cas d'hésitation, on peut recourir à *se révéler*. Exemple : *cette information s'est révélée vraie*.

> **À NOTER**
> En emploi adjectivé, le participe passé *avéré* est courant. Exemple : *d'après des sources proches de l'enquête, le mobile d'un crime passionnel est avéré* (c'est-à-dire « reconnu comme vrai, certain »).

AVOIR MAILLE À PARTIR [et non « avoir maille à partie »]

Au Moyen Âge, la *maille* était une pièce de peu de valeur : la moitié d'un denier. « On dit d'un homme fort gueux qu'il n'a ni sou ni maille », explique le *Dictionnaire de l'Académie française* (1re édition, 1694). Quant au verbe *partir*, il est utilisé ici dans un sens qu'il n'a plus aujourd'hui, « partager », sauf dans un dérivé comme *répartir*. *Avoir maille à partir*, c'est avoir un différend avec quelqu'un, comme si l'on devait se partager une malheureuse pièce de monnaie.

Exemple : *ce multirécidiviste est connu pour avoir eu à maintes reprises maille à partir avec la justice.*

Avoir maille à partir est l'une de ces expressions dans lesquelles certains mots sont employés dans un sens vieilli* ou archaïque (comme c'est le cas pour PÉRIL EN LA DEMEURE (il y a, il n'y a pas), LE VIVRE ET LE COUVERT ou SABLER LE CHAMPAGNE [1]). Elles tendent à être mal interprétées, remplacées par d'autres plus transparentes, ou encore déformées. C'est le cas de *avoir maille à partir*, parfois altéré en « avoir maille à partie », peut-être sous l'influence de *prendre à partie*, qui exprime l'idée d'une confrontation, d'un conflit.

> **À NOTER**
> Le mot *maille* a resurgi en français contemporain, dans la langue des cités, comme l'un des nombreux synonymes* d'*argent*, mais une allusion à la monnaie capétienne est peu probable...

AVOIR VOIX AU CHAPITRE [et non « avoir droit au chapitre »]

Le *chapitre* désigne ici une assemblée de religieux réunis pour traiter de leurs affaires. Sans être moine ni chanoine, chacun *a voix au chapitre* quand il entend participer à une délibération. De façon plus générale, on emploie cette expression pour signifier qu'on *a son mot à dire* sur un sujet, qu'on a le droit de donner son opinion. L'idée de droit est si fortement attachée à l'expression que celle-ci est souvent altérée dans l'usage en « avoir droit au chapitre ». Il est vraisemblable que *chapitre* soit alors pris à tort au sens de « sujet », sous l'influence de locutions* telles que *sur ce chapitre*, *au chapitre de*.

---

1. Voir ces expressions à leur ordre alphabétique.

B

BASER

« S'il entre, je sors. » Faisant trembler la Coupole, l'académicien Royer-Collard (reçu en 1827) menaçait de quitter l'Académie si elle accueillait dans son dictionnaire (6ᵉ édition, 1835) le verbe *baser*.

En fait, le mot figurait déjà dans le *Dictionnaire de l'Académie française* depuis 1798. Il en est ressorti sous la pression en 1835, avant un retour discret dans la dernière édition en date (9ᵉ édition) : « Ce mot ne doit pas être employé au sens figuré* », précise toutefois l'Académie, dans l'un de ces mystérieux décrets dont elle a le secret.

Mais que reproche-t-on au malheureux *baser* ? Pourquoi seul *fonder* serait-il autorisé au sens figuré ? *Baser* est aujourd'hui solidement implanté en français, du registre le plus courant au plus littéraire, et est correctement formé (verbe du 1ᵉʳ groupe dérivé du nom *base*, de même que *fonder* est dérivé de *fond*).

Le rejet de ce verbe (que Remy de Gourmont, lui, jugeait « excellent et de forme élégante » dans son *Esthétique de la langue française* !) semble avoir pour seule justification la tradition puriste.

BIMENSUEL / BIMESTRIEL

Un *bimensuel* est un magazine qui paraît deux fois par mois.

Le néologisme* « quinzomadaire », qui ressemble à une

plaisanterie de collégien, connaît un succès croissant au sein des groupes de presse.

C'est surtout sur le sens de *bimestriel* que la plupart des usagers hésitent. Il faut se rappeler que *trimestriel* (plus courant) signifie « une fois tous les trois mois ». Un *bimestriel* paraît donc une fois tous les deux mois.

BISANNUEL

« Qui revient tous les deux ans ; qui dure deux ans (plantes). » Un événement *bisannuel* se produit tous les deux ans. Exemples : *un congrès bisannuel, une foire bisannuelle*, etc. Les amateurs de plantes connaissent bien ce mot : les plantes *bisannuelles* ont un cycle de vie de deux ans (par opposition aux *annuelles*).

> À NOTER
> *Biennal* est un synonyme* de *bisannuel*. Noter l'emploi substantivé : *ce projet urbanistique a été présenté à la biennale de Venise*.

⚠ Ne pas employer *bisannuel* pour signifier « deux fois par an ».

BOUQUIN / LIVRE

Déjà solidement établi dans l'usage courant, le mot *bouquin* s'emploie de plus en plus dans le langage médiatique à la place de *livre*. À la télévision, il est devenu la règle. Or, non seulement *bouquin* relève d'un registre familier*, mais il est ressenti comme péjoratif par une partie des usagers. Dirait-on de Flaubert qu'il a écrit de *bons bouquins* ? Imagine-t-on un journaliste pressant Marcel Proust de lui dévoiler les secrets de son *gros bouquin* ? Dans certains contextes, *bouquin* semble renvoyer à un pur produit de consommation, vidé de toute valeur intellectuelle et esthétique. Exemple : « Mollat, à deux pas de la place Gambetta, est une paisible entreprise familiale qui écoule 1,6 million de bouquins à l'année. » (*Le Journal du dimanche*, 22 mai 2005)

> À NOTER
> Du néerlandais *boek*, *bouquin* a primitivement une valeur péjorative : « vieux livre dont on fait peu de cas » (*Dictionnaire de*

l'*Académie française*, 1762). Au fil du temps, *bouquin* est devenu un synonyme* familier de *livre* et conserve également le sens de « vieux livre », mais sans valeur négative. Ce sont des livres anciens ou d'occasion que l'on va chercher chez le *bouquiniste* quand on est du genre *bouquineur*.

BOURRELÉ DE REMORDS [et non « bourré de remords »]

Quand on a commis une mauvaise action et qu'on est en proie aux remords les plus vifs, on est *bourrelé de remords* (registre littéraire*).

Le verbe *bourreler* est dérivé de *bourreau*. Il apparaît au XVIe siècle et signifie « torturer moralement comme le ferait un bourreau ». Il ne s'emploie plus aujourd'hui que sous la forme d'un participe passé dans la locution* *être bourrelé de remords*, « être tourmenté par les remords ». Comme le mot *bourrelé* n'est plus compris, la locution est souvent déformée en « bourré de remords ».

BRUIRE / BRUISSER

Bruire, « faire entendre un son faible et confus », est un verbe défectif* qui se conjugue comme *finir*. Exemple : *le vent d'automne fait bruire les feuilles des arbres*. Il n'est usité qu'à l'indicatif, à la 3e personne du présent et de l'imparfait (il *bruit*, ils *bruissent* ; il *bruissait*, ils *bruissaient*) et à la 3e personne du subjonctif présent (qu'il *bruisse*, qu'ils *bruissent*). Le participe présent est *bruissant*.

Le verbe *bruisser* s'est introduit dans la langue à la fin du XIXe siècle. Longtemps ignoré des dictionnaires (et toujours absent du *Dictionnaire de l'Académie française*), il est aujourd'hui encore critiqué par les puristes et certains grammairiens. Il permet pourtant une conjugaison complète, contrairement à *bruire*. *Bruisser* se conjugue comme *ratisser*, c'est-à-dire comme un verbe du 1er groupe (verbes réguliers).

À NOTER

Bruire s'est d'abord conjugué comme *fuir*, d'où l'adjectif *bruyant*, dérivé de l'ancien participe présent.

C

CAPARAÇON [et non « carapaçon »]

Un *caparaçon* est une armure ou une housse d'ornement pour les chevaux. Le mot se rencontre notamment dans le contexte médiéval, mais aussi tauromachique (le *caparaçon* est alors une housse rembourrée qui protège le cheval) :

« Sur les poitrails des chevaux, sur le caparaçon du cheval du picador, coulait une écume blanche si épaisse qu'on l'eût recueillie à la cuiller. »
(*Les Bestiaires*, Henry de MONTHERLANT)

⚠ Le mot subit la très forte attraction de *carapace* et est souvent déformé en « carapaçon ».

« CAR EN EFFET »

Car, conjonction de coordination, et *en effet*, adverbe de liaison, ont tous deux une valeur causale qui rend la séquence « car en effet » pléonastique*.
« Car en effet » – comme d'autres locutions* pléonastiques : « puis ensuite », « comme par exemple », « ainsi donc » – est à éviter dans l'expression soignée.

CHAFOUIN

Tout comme *nonobstant* ou *derechef* [1], *chafouin* appartient à ces mots désuets et pittoresques qui connaissent un regain de vitalité dans l'usage actuel.
En forme d'animal hybride, cet adjectif est composé de *chat* et de *fouin*, masculin de *fouine* autrefois usité dans certaines régions françaises. Il signifie « sournois, rusé » et s'applique généralement au visage, à son expression : *un air chafouin, une mine chafouine*.
Est-ce sous l'influence de *chagrin*, lui-même dérivé du mot *chat* ? *Chafouin* est depuis quelque temps employé abusivement au sens de « chagriné ; maussade, renfrogné », ce qui gâte – un peu – le plaisir de le voir refleurir dans l'usage.

CLORE / CLÔTURER

Clore est un verbe défectif* qui s'emploie surtout à l'infinitif et au participe passé, en emploi adjectivé. Exemples : *les yeux clos, le débat est clos*, etc.
Le verbe est peu usité à l'indicatif présent : je *clos*, tu *clos*, il *clôt*, ils *closent*, et inusité ou très rare aux autres formes. L'Académie française voudrait réserver à *clore* le sens figuré* de « mettre un terme à (un débat, une séance, etc.) », estimant que *clôturer* ne doit s'utiliser qu'avec une valeur concrète (ex. : *clôturer son jardin*). Mais on ne voit pas bien pour quelle raison le sens figuré de *clôture* (« fait de mettre un terme à un compte, à un débat, à une session parlementaire, etc. ») ne se retrouverait pas dans son dérivé *clôturer*, qui a l'avantage sur *clore* d'avoir une conjugaison complète...

COLLETER (se) / COLTINER (se)

Coltiner, c'est porter quelque chose de lourd. Exemples : *coltiner des paquets, coltiner une malle*. Le verbe est dérivé de *coltin*, large chapeau en cuir qui protégeait autrefois la tête et les épaules des portefaix.

---

[1]. Ces deux mots sont commentés dans *Les mots sont un jeu*, du même auteur (Librio n° 976).

Seule la construction pronominale *se coltiner* est courante dans l'usage actuel (registre familier*) : « se charger de quelque chose de pénible, de fatigant ». Exemples : *se coltiner le ménage, la vaisselle, le tri des papiers,* etc.
Se colleter avec quelqu'un, c'est « le saisir au collet », autrement dit se battre avec lui. Ce verbe, vieilli* au sens propre*, s'emploie aujourd'hui au figuré pour signifier « s'affronter à, se débattre contre ». Exemple : « *Un gouvernement qui gagne, c'est un gouvernement qui se collette avec les difficultés* », a déclaré le Premier ministre, plein d'enthousiasme.

⚠ *Se coltiner* **est parfois employé par erreur au sens de** *se colleter*.

COLLISION / COLLUSION

Une *collision* désigne un choc entre deux corps dont l'un au moins est en mouvement. Exemple : *la collision entre les deux avions a été évitée grâce aux réflexes d'un pilote en pleine forme.*
Au sens figuré*, le mot s'emploie comme synonyme* de *conflit, d'opposition* (registre soutenu*). Exemple : *à l'approche des élections, des collisions d'intérêts apparaissent au sein de la direction du parti.*
Le mot *collusion*, qui appartient au langage juridique, signifie « entente secrète entre deux ou plusieurs parties au détriment d'un tiers ». Ce terme est passé dans l'usage général au sens étendu de « connivence » (soit pour nuire à quelqu'un, soit par intérêt). Exemple : *cette enquête journalistique met au jour les collusions du monde politico-médiatique.*

COMMÉMORER

Commémorer (du latin *commemorare*, « rappeler, évoquer »), c'est remettre en mémoire un événement, une personne, par des cérémonies, des festivités. On *commémore* une naissance, une mort, une victoire, etc., mais on ne *commémore* pas un anniversaire, on le *fête* ou on le *célèbre*. Exemple : *le Premier ministre a célébré discrètement le bicentenaire de la bataille d'Austerlitz, chez lui, en famille.*

COMPENDIEUSEMENT

Du latin *compendium*, « abrégé, résumé », *compendieusement* est un mot aujourd'hui vieilli* qui signifie « succinctement, brièvement ». Influencés par la longueur du mot, certains auteurs lui ont prêté le sens contraire de « longuement, dans le détail ». Dans *Les Plaideurs* (1668), de Racine, un faux avocat verbeux se rend ridicule en promettant de s'exprimer *compendieusement*. Il y a probablement peu d'alexandrins dans le théâtre classique qui se composent pour moitié d'un seul mot...

> « Je vais, sans rien omettre, et sans prévariquer,
> Compendieusement énoncer, expliquer,
> Exposer, à vos yeux, l'idée universelle
> De ma cause, et des faits, renfermés, en icelle. »
> (*Les Plaideurs*, Jean RACINE)

COMPRÉHENSIBLE / COMPRÉHENSIF

Compréhensible : « qui peut être compris, qui est clair et accessible ». Exemple : « *Les manuels de français d'aujourd'hui ne sont pas compréhensibles* », estime Nicole qui doit aider son neveu en grammaire.
Compréhensif (ne se dit que d'une personne) : « qui peut comprendre les autres ; qui se montre indulgent, bienveillant ». Exemple : *Kévin a vivement reproché à sa mère de n'être pas compréhensive.*

« CONFUSANT »

Absent des dictionnaires, « confusant » est emprunté à l'anglais *confusing*, « ambigu, confus ». Les milieux de la communication et du marketing en font un usage immodéré. Tout ce qui est peu clair, ambigu, déroutant, déconcertant, et bien sûr tout ce qui *prête à confusion* est invariablement « confusant ». On entend parfois « confusionnant », formé sur *confusion*, dont le succès est plus limité.

CONJECTURE / CONJONCTURE

Une *conjecture* est une supposition, une hypothèse. Le mot s'emploie généralement au pluriel, le plus souvent aujourd'hui avec une nuance péjorative. Exemples : *se perdre en conjectures, en être réduit à des conjectures.*

Ne pas confondre ce terme avec son paronyme* *conjoncture* qui désigne une situation donnée. Le mot est d'un emploi fréquent dans le contexte économique, très utile pour justifier les échecs et les mauvais résultats. Exemple : « *La conjoncture internationale explique notre faible croissance* », a rappelé le ministre, très détendu.

> **À NOTER**
> On distinguera également les adjectifs dérivés *conjectural* : « qui repose sur des conjectures », et *conjoncturel* : « qui est lié à la conjoncture ».

CONSÉQUENT

Depuis le XVIIe siècle, on est *conséquent* lorsqu'on raisonne ou qu'on agit de manière logique, cohérente. Exemples : *être conséquent dans ses idées, avoir un comportement conséquent.* Dans le cas contraire, on est *inconséquent*. Au XVIIIe siècle, un autre sens apparaît, celui de « considérable ». Dans son *Dictionnaire de la langue française* (1872), Littré* juge sévèrement cet emploi : « *Conséquent* pour *considérable* est un barbarisme* que beaucoup de gens commettent et contre lequel il faut mettre en garde. » Il apparaît en tout cas que *conséquent* double inutilement *important, considérable*. Le bon usage recommande de lui conserver son sens d'origine.

> **À NOTER**
> *Conséquent*, au sens d'« important, considérable », est probablement dérivé de « de conséquence », courant au XVIIe siècle. Un homme *de conséquence* était alors un homme important, un homme « de grand mérite », dit même Furetière (*Dictionnaire universel*, 1690).

CONTROVERSE [et non « contreverse »]

« Discussion suivie dans laquelle des opinions s'opposent. » Exemple : *le plan « antivoitures » du maire de Paris a fait l'objet d'une vive controverse.*

⚠ *Controverse* est parfois déformé en « contreverse », par analogie avec les nombreux mots commençant par le préfixe* *contre-* (*contre-attaque, contrepoids,* etc.). *Controverse* vient du latin *controversia,* « discussion, débat », « litige ». Le mot est ancien en français puisqu'il apparaît au XIIIe siècle. On le trouve notamment chez Rabelais (la citation est traduite en français moderne par G. Demerson mais le mot figure tel quel dans le texte d'origine) :

« Or, à cette époque précisément, il y avait un procès pendant à la Cour entre deux grands seigneurs : d'un côté Monsieur de Baisecul, le demandeur, de l'autre Messire de Humevesne, le défendeur ; leur controverse présentait des points de droit si compliqués et si difficiles que pour la cour du Parlement c'était du haut allemand. »

(*Pantagruel*, François RABELAIS)

COORDINATEUR / COORDONNATEUR

Une personne qui *coordonne* (dans une entreprise, une administration, etc.) est un *coordonnateur* ou un *coordinateur*.
Coordonnateur, formé sur *coordonner* (noter les deux *n*), est la forme la plus ancienne (attestée* vers le milieu du XIXe siècle) et a les préférences des puristes. Mais *coordinateur*, dérivé de *coordination* (un seul *n*), apparu plus tardivement (vers 1950), s'est largement imposé dans l'usage et est aujourd'hui considéré comme correct.

COUPE CLAIRE / COUPE SOMBRE

Faire une *coupe sombre* dans une forêt, c'est y pratiquer un abattage limité des arbres pour permettre l'ensemencement de nouveaux arbres. Au figuré, l'expression est souvent employée à l'inverse du sens propre* pour désigner une réduction importante dans un budget, un effectif, etc.

(*sombre* étant pris au sens d'« inquiétant »). Dans ce cas, il peut sembler plus cohérent de parler de *coupe claire* (au sens propre : « abattage important d'arbres qui laisse passer la lumière pour permettre le développement des jeunes arbres »). Exemple : *les syndicats craignent que le rachat de l'usine n'entraîne des coupes claires dans les effectifs.*
Les expressions *coupes sombres* et *coupes claires* sont si fortement en concurrence que, d'un journal à l'autre, elles qualifient parfois les mêmes compressions de personnel...

COURBATU / COURBATURÉ

Voici une question que se posent bien des sportifs après l'effort : « Suis-je *courbatu* ou *courbaturé* ? » Les deux mots peuvent s'employer, car ils ont la même signification et désignent des douleurs musculaires, une lassitude ressentie dans tout le corps. En revanche, ils n'ont pas la même ancienneté dans la langue. *Courbatu* est attesté* dans son sens actuel dès le XVe siècle alors que *courbaturé* n'apparaît qu'au XIXe siècle, dans le sillage du verbe *courbaturer*. Après avoir ignoré *courbaturé* pendant un petit siècle, l'Académie française reconnaît son existence en 1970 par la voie d'un communiqué de presse !
Sans avoir éliminé la forme ancienne, *courbaturé* s'est aujourd'hui largement imposé dans l'usage courant.

⚠ Bien que formé de *court* et *battu*, **courbatu** ne prend qu'un *t*. L'anomalie se retrouve également dans *courbaturé*.

COURRIEL / E-MAIL

E-mail est une abréviation de l'anglo-américain *electronic mail*, que les Français abrègent encore en *mail*. Au Québec, on emploie couramment le néologisme* *courriel*, mot court, agréable à l'oreille, bien formé (par contraction de *courrier* et d'*électronique*). En France, *courriel* ne s'est pas imposé dans le langage courant, mais il gagne du terrain dans l'usage soutenu* et est de règle dans certains journaux, comme *Le Monde*. Par surcroît, *courriel* est officiellement recommandé par la Commission générale de terminologie et de néologie depuis 2003. Les mots qui portent les couleurs de la francophonie dans le vocabulaire informatique ne sont pas si nombreux, ne les négligeons pas...

> **À NOTER**
> Les Québécois ont également forgé le néologisme *pourriel* pour désigner les « courriels publicitaires non sollicités » qui envahissent nos messageries électroniques. *Pourriel*, formé par contraction de *poubelle* et de *courriel*, atteste une fois de plus la créativité lexicale des Québécois au sein de la francophonie.

CRASH

En anglais, *crash* a le sens général d'« écrasement ». En français, le mot *crash* s'est spécialisé dans le sens d'« écrasement au sol d'un avion ». Pour éviter l'anglicisme*, les Québécois parlent d'ailleurs parfois d'un *écrasement d'avion*, mais en France *crash* semble s'être durablement installé dans l'usage.

Crash doit notamment son succès à sa valeur expressive et sa brièveté, les mots d'une ou deux syllabes étant très appréciés des Français d'aujourd'hui.

Quant au dérivé *se crasher*, outre qu'il présente une homonymie* pénible avec *cracher*, il double inutilement *s'écraser*. On entend aussi parfois « se scratcher », à la sonorité énergique mais dont le sens s'éloigne du verbe anglais *to scratch*, « griffer, égratigner ».

> **À NOTER**
> Au pluriel, *crash* s'écrit *crashs* (pluriel francisé) ou *crashes*.

D

DE CONCERT / DE CONSERVE

Une *conserve* était autrefois un navire qui en accompagnait un autre pour lui porter secours en cas de difficulté (sens attesté* au XVIe siècle). Deux bâtiments qui naviguaient *de conserve* faisaient route ensemble sans se perdre de vue. Au figuré, *de conserve* a tout naturellement pris le sens d'« ensemble » (registre littéraire* et vieilli*).
De conserve est souvent rapproché d'une locution* voisine : *de concert*. Mais le sens en est-il le même ? De l'italien *concerto*, *concert* a eu au XVIIe siècle le sens général d'« entente, accord ». *Agir de concert*, c'est agir « d'un commun accord, en harmonie ». Au-delà de la nuance sémantique, on notera que *de concert* se maintient dans l'usage littéraire alors que *de conserve*, dont l'origine n'est plus comprise, tend à en sortir.

DE SUITE / TOUT DE SUITE

De suite : « à la suite, d'affilée ».
Tout de suite : « immédiatement ».

> **À NOTER**
> Le bon usage s'efforce depuis longtemps de distinguer ces deux locutions* adverbiales. Dès le XVIIIe siècle, *de suite* (« d'affilée ») est également usité avec le sens d'« immédiatement », malgré les condamnations de Littré* et des grammairiens. Au XXe siècle, *de suite* au sens d'« immédiatement » est

surtout rejeté en raison de son niveau de langue*, cet emploi étant de plus en plus ressenti comme populaire.

DÉBUTER

Débuter est un verbe intransitif, c'est-à-dire qu'il n'accepte pas de construction avec un complément d'objet.
« Débuter quelque chose » est donc jugé incorrect, quoique très répandu dans la langue courante. En français soutenu*, on préférera dans ce cas utiliser *commencer*.

> À NOTER
> On retiendra également que « démarrer quelque chose », au sens de « commencer », appartient au registre familier*.

DÉCADE / DÉCENNIE

Décade : « période de dix jours ».
Décennie : « période de dix ans ».
Exemple : *selon ce ténor de l'opposition, la « fracture sociale » s'est aggravée durant la dernière décennie.*
L'opposition entre *décade* et *décennie* semble aujourd'hui établie, mais il n'en a pas toujours été ainsi, les deux termes ayant été en concurrence pour désigner une période de dix années.

> À NOTER
> *Décade* vient du grec *dekas* qui désigne d'une manière générale toute série de dix éléments. À partir de la Révolution, *décade* a signifié en français « période de dix jours » dans le calendrier républicain. Au début du XXe siècle, le mot a pris le sens de « période de dix années », peut-être sous l'influence de l'anglais *decade*, entrant alors en concurrence avec *décennie* (apparu à la fin du XIXe siècle). *Décennie* semble l'avoir emporté dans l'usage, et les deux termes sont aujourd'hui utilement distingués.

DÉCIMER

L'étymologie* de *décimer* est surprenante : le mot vient du latin *decimare*, « punir de mort un homme sur dix ». Dans l'Antiquité romaine, la *décimation* était en effet le châti-

ment infligé à des soldats insoumis : on tirait au sort un homme sur dix et on le mettait à mort sans autre forme de procès. C'est dire si les Romains ne plaisantaient guère avec la discipline. Mais, loin de leur être réservée, la décimation fut pratiquée jusque dans les rangs de l'armée française : durant la Grande Guerre, en 1918, ce châtiment sélectif fut infligé au 8e régiment de tirailleurs (composé de Tunisiens) pour abandon du champ de bataille.
Certains puristes voudraient réserver à *décimer* son sens d'origine et le cantonner ainsi à l'histoire militaire ; c'est une bataille perdue : le mot est aujourd'hui courant au sens de « faire périr un grand nombre de personnes ». Cette acception n'est pas attestée* avant le XIXe siècle.

DÉDICACER

Dédicacer une œuvre, c'est écrire à l'intention de quelqu'un quelques mots sur la première page d'un livre, sur une photographie, etc. et y apposer sa signature. On entend régulièrement à la radio des auditeurs *dédicacer* des chansons aux membres de leur famille, à leurs amis, etc. *Dédicacer* est sans doute plus évocateur pour les usagers que le verbe approprié, *dédier*, au sens de « destiner, offrir (une pensée, une chanson, etc.) ». Exemple : *pour la Saint-Valentin, Kévin a dédié une chanson sur l'antenne à Élodie.*

DÉDIER

À l'origine, *dédier* a un sens religieux : « mettre un lieu sous l'invocation d'un dieu, sous le patronage d'un saint ». Par exemple, on dira de la basilique de Lisieux qu'elle est *dédiée* à sainte Thérèse. Au sens figuré*, une œuvre est *dédiée* à quelqu'un quand elle lui est tout particulièrement destinée. Exemples : *dédier à quelqu'un un poème, un roman*, etc.
Sous l'influence de l'anglais *dedicated to*, *dédié* s'emploie surtout actuellement pour dire « consacré à, réservé à ». On ne compte plus ce qui est *dédié*, notamment dans le domaine commercial. Exemple d'emploi critiqué : « La célèbre marque à trois bandes a ouvert un nouveau magasin entièrement dédié à la basket. »

Cet anglicisme* sémantique, introduit en français par le vocabulaire de l'informatique, est à éviter dans une langue soignée.

> À NOTER
> Sur la confusion entre *dédier* et *dédicacer*, voir DÉDICACER.

DÉNOTER / DÉTONNER

Détonner se dit d'une chose ou d'une personne qui n'est pas dans le ton, qui est en rupture avec un ensemble. Exemple : *la position de la députée, favorable au mariage gay, détonne au sein de son parti.*
Dénoter signifie « indiquer, révéler ». Le préfixe* *dé-* a ici une valeur de renforcement qu'illustrent des verbes comme *démontrer, dénommer*, etc. Mais *dé-* marque également une action contraire ou la cessation d'une action dans d'autres verbes, dont certains sont courants dans l'usage actuel : *déstresser, délocaliser* (des usines), *défiscaliser, dérembourser* (des médicaments)... Par analogie, les usagers attribuent au *dé-* de *dénoter* une valeur négative. *Dénoter* en vient ainsi à signifier fautivement « sortir du ton, constituer une fausse note ». Cette impropriété*, contraire à l'étymologie* du mot et à sa définition, est à éviter soigneusement.

⚠ Il convient de distinguer par l'orthographe les homonymes* *détonner* et *détoner* (« exploser avec bruit »).

DENTITION / DENTURE

La *denture*, c'est l'ensemble des dents chez l'humain ou l'animal. Exemple : *Louis XIV avait une denture gâtée, émaillée de chicots noirâtres.*
La *dentition*, c'est la formation et l'éruption des dents chez l'enfant. Exemple : *la première dentition apparaît vers six mois, mais Louis XIV avait des dents à la naissance.*
Dans la seconde moitié du XIXe siècle, *dentition* est devenu synonyme* de *denture* dans la langue courante. Cet emploi, que Littré* condamnait, est aujourd'hui admis, mais on évitera la confusion par souci de précision.

DEUXIÈME / SECOND

Contrairement à une idée reçue, *deuxième* et *second* peuvent s'employer l'un pour l'autre. Cependant, certains grammairiens recommandent l'usage de *second* quand il n'y a que deux éléments (exemples : *le Second Empire, la Seconde Guerre mondiale*) et celui de *deuxième* quand il y a plus de deux éléments (exemples : *le deuxième étage d'un immeuble, le deuxième chapitre d'un livre*).
On peut juger utile cette distinction entre *deuxième* et *second*, mais l'usage l'a longtemps ignorée, et elle ne saurait être érigée en règle absolue. En fait, l'opposition entre *deuxième* et *second* est surtout fonction aujourd'hui du niveau de langue*. *Deuxième* semble plus utilisé dans le registre courant*, *second* paraît privilégié dans la langue soutenue*.

DIGRESSION [et non « disgression »]

Du latin *digressio*, « action de s'éloigner », une *digression* consiste à s'écarter du sujet (dans un discours, une discussion, un ouvrage, etc.).

⚠ **« Disgression » est une déformation assez fréquente. En effet, *digression* subit l'influence des mots commençant par le préfixe* *dis*- qui marque notamment la séparation, le défaut (comme dans *discontinu*, *disproportion*, etc.).**

DISCUTER / DISCUTER DE

On *discute de* tout et *de* rien, c'est-à-dire que l'on échange des points de vue sur tel ou tel sujet. Mais *discuter quelque chose*, c'est s'y attarder, en faire l'objet d'un débat, peser le pour et le contre :

« On pouvait ergoter à l'infini pour savoir si les hommes étaient ou non plus heureux dans les siècles passés ; on pouvait commenter la disparition des cultes, la difficulté du sentiment amoureux, discuter leurs inconvénients, leurs avantages [...] »
(*La Possibilité d'une île*, Michel HOUELLEBECQ)

⚠️ **Dans une phrase comme celle-ci :** *Odile et Simon ont discuté politique durant une bonne partie du dîner*, c'est bien la construction *discuter de* qui est employée, la préposition *de* étant omise par ellipse.

DISPATCHER

De l'anglais *to dispatch*, « expédier, répartir, ventiler », *dispatcher* s'est introduit en français dans les années 1970, dans le sillage de *dispatching*, terme réservé jusque-là aux domaines techniques (régulation du trafic ferroviaire, distribution de l'électricité, etc.). Le succès de *dispatcher* dans la langue usuelle semble attester le goût actuel des Français pour les mots à coloration technique (voir, par exemple, notre article sur PERDURER). Exemple d'emploi discutable : « Des effectifs militaires ont été dispatchés dans tout le pays pour assurer la sécurité de la population. » (*Dispatchés* peut ici être aisément remplacé par *répartis*.)

DISPENDIEUX

Du latin *dispendium*, « dépense », *dispendieux* signifie « qui entraîne une grande dépense ». On parle de *goûts dispendieux*, d'un *train de vie dispendieux*. Exemple : *le ministre de l'économie, fils de sabotier, a nié avoir des goûts dispendieux.*
Par extension de sens*, le mot est généralement employé comme synonyme* de *cher*, *coûteux* (usage très fréquent au Québec), mais il est impropre de l'utiliser à propos d'une personne comme synonyme de *dépensier*.

DISPOSER / STIPULER

Tous les juristes le savent, mais la plupart des gens l'ignorent : la loi *dispose*, le contrat *stipule*.
Une loi ou un article de loi, un code ou un article de code *disposent*, c'est-à-dire qu'ils érigent en règle. Exemple : *l'article 2 du préambule de notre Constitution dispose que le français est la langue de la République.*
Un contrat, une clause d'un contrat, un traité ou une convention *stipulent*, c'est-à-dire qu'ils énoncent comme

condition. Exemple : *le contrat d'un « nègre*[1] *» stipule qu'il renonce à se faire connaître du public comme étant l'auteur de l'ouvrage publié.*
Stipuler est passé du langage juridique à la langue générale avec le sens d'« indiquer de manière formelle ». Exemple : *la convocation stipule que les candidats doivent se présenter au centre d'examens munis de leur carte d'identité.*

DOMESTIQUE

L'adjectif *domestique*, issu du latin *domus*, « maison », qualifie tout ce qui concerne la vie à la maison. Ainsi parle-t-on d'*économie domestique*, de *travaux* et de *tâches domestiques*, et même de *dieux domestiques*, telle Vesta, déesse du Foyer dans l'Antiquité romaine. Quant aux *animaux domestiques*, ils vivent dans l'entourage de l'homme, s'opposant ainsi aux animaux sauvages.
L'anglicisme* sémantique *domestique* désigne ce qui se situe à l'intérieur d'un pays. Il est omniprésent dans les aéroports français, où les *vols domestiques* s'opposent sans ambiguïté aux *vols internationaux*. Il est plus gênant dans d'autres contextes : une *économie domestique* concerne-t-elle un foyer ou un pays ? Pour éviter tout malentendu, on emploiera dans ce dernier cas les adjectifs *intérieur* ou *national*.
Mais est-on assuré que cet anglicisme en soit vraiment un ? Ses contempteurs omettent de signaler qu'autrefois, en français, *domestique* a eu le sens de « national », par opposition à « étranger ». À titre d'exemple, le *Dictionnaire de l'Académie française* (4ᵉ édition, 1762) nomme *guerres domestiques* celles qui se situent à l'intérieur de nos frontières.
Cet emploi décrié ferait donc un juste retour en français contemporain. En quelque sorte, il rentre à la maison...

DRACONIEN / DRASTIQUE

Est *draconien* ce qui est très rigoureux, très sévère. On emploie notamment ce qualificatif quand on veut faire

---
[1]. On appelle ainsi l'auteur anonyme d'un ouvrage qui est signé par quelqu'un d'autre, généralement célèbre.

entendre qu'on est d'une rigueur sans faille. Exemple :
« *Nous avons pris des mesures draconiennes pour éviter toute propagation de la tremblante du mouton* », a indiqué le ministre à la presse.
Drastique, qui signifie « très énergique, très rigoureux », se distingue mal sémantiquement de *draconien*, les deux adjectifs qualifiant souvent des noms identiques (des *règlements drastiques*, des *mesures drastiques*). Dans l'usage, *drastique* est aujourd'hui plus répandu, surtout dans le langage médiatique.

> ### À NOTER
> *Draconien* est dérivé du nom propre Dracon, législateur d'Athènes (VIIe s. av. J.-C.), réputé pour la sévérité du code pénal dont il fut l'auteur. *Drastique*, également dérivé du grec (*drastikos*, « énergique »), s'est d'abord employé en médecine pour désigner des purgatifs très efficaces... C'est sous l'influence de l'anglais *drastic* qu'il a pris au XIXe siècle son sens figuré*.

E

EFFRACTION / INFRACTION

Une *effraction*, c'est le bris d'une clôture, la fracture d'une serrure. Exemple : *le ministre s'est félicité de la baisse des vols avec effraction.*
Une *infraction* désigne toute violation d'un règlement, d'une loi. Exemple : *« Toute infraction au règlement sera sévèrement sanctionnée », a rappelé le proviseur aux élèves après une fausse alerte à la bombe.*

ÉMINENT / IMMINENT

Une personne *éminente* se distingue des autres par ses qualités supérieures. Exemple : *l'éminent chirurgien affirme avoir réussi la première greffe du visage au monde.* L'adjectif s'emploie aussi à propos de choses abstraites. Exemples : *un rôle éminent, d'éminentes qualités,* etc.
Est *imminent* ce qui est sur le point de se produire. Exemple : *l'arrivée du préfet sur les lieux du sinistre est imminente.*

> **À NOTER**
> Attesté* au XIVe siècle, *imminent* s'est d'abord dit uniquement de ce qui représente une menace (ex. : *un danger imminent, une guerre imminente*). À partir du XIXe siècle, *imminent* s'est également employé avec une valeur strictement temporelle, sans cette nuance de menace.

ÉMOTIONNER

Émotionner est à *émouvoir* ce que *solutionner* est à *résoudre* : une monstruosité pour les uns, le moyen pour les autres d'éviter une conjugaison délicate, celle d'*émouvoir*, verbe du 3ᵉ groupe très irrégulier.
Une chose est sûre : *émotionner* (registre familier*) ne menace nullement l'existence d'*émouvoir*. Ceux qui se risquent à l'utiliser le font souvent par plaisanterie, comme pour souligner qu'ils n'ignorent pas sa mauvaise réputation. Mais *émotionner*, apparu vers 1820, a-t-il été mieux considéré par le passé ? « Ce verbe nouveau est d'un assez mauvais style », estimait Littré* dans son *Dictionnaire de la langue française* (1872). Ce qui n'était guère aimable pour son contemporain, Émile Zola, qui l'a employé à plusieurs reprises dans *Les Rougon-Macquart*. Littré a ajouté, il est vrai, sauvant *émotionner* des flammes de l'enfer : « cependant il est régulièrement fait, comme *affectionner* d'*affection* ».
Aujourd'hui, *émotionner* semble aussi rare dans l'usage littéraire que dans l'usage courant. On peut même parier que ses jours sont comptés. Mais qui s'en *émotionnera* ?

EN DÉFINITIVE [et non « en définitif »]

La locution* adverbiale *en définitive* (« finalement, en fin de compte ») est parfois altérée dans la langue commune en « en définitif ». L'erreur est compréhensible, les autres locutions adverbiales du type *en* + adjectif se construisant presque toujours avec la forme masculine de l'adjectif : *en bref*, *en gros*, *en clair*, etc. Le féminin s'explique ici par une ellipse, *en définitive* s'employant pour *en sentence définitive*, ancienne locution juridique.

EN LIGNE / ON LINE

On line se dit d'un produit ou d'un service disponible ou en vente sur le réseau Internet.
Cet anglicisme* peut se remplacer aisément par *en ligne*, ou par *électronique* dans certains cas. Exemple : *Nicole, nouvelle internaute, a découvert avec enthousiasme le commerce en ligne* (ou *le commerce électronique*).

> **À NOTER**
> Dans la même famille de mots, on trouve *hot line* : « service d'assistance téléphonique ou en ligne qu'un fabricant de produits informatiques ou un fournisseur d'accès à Internet propose à ses clients ». Les meilleurs équivalents français de *hot line* sont *assistance téléphonique* ou *assistance en ligne*.

EN REVANCHE / PAR CONTRE

Par contre a longtemps été une locution* maudite, bête noire des puristes. Voltaire a été le premier à jeter l'anathème sur *par contre*, lui reprochant d'être issu du « langage des marchands » :

> « La plupart des gens de lettres qui travaillent en Hollande, où se fait le plus grand commerce de livres, s'infectent d'une autre espèce de barbarie, qui vient du langage des marchands ; ils commencent à écrire *par contre* pour *au contraire* [...] »
> (*Conseils à un journaliste*, Voltaire)

Ce petit-fils d'un marchand d'étoffes réglait-il ainsi ses comptes avec ses origines ? Quoi qu'il en soit, son jugement sur *par contre* a été docilement repris par Littré*, puis par des générations de professeurs. De nombreux écrivains ont pourtant employé cette locution, et Gide en a assuré la défense : « Trouveriez-vous décent qu'une femme vous dise : "Oui, mon frère et mon mari sont revenus saufs de la guerre ; *en revanche* j'y ai perdu mes deux fils" ? » (*Attendu que...*, 1943). Gide souligne ainsi qu'*en revanche* introduit un avantage plutôt qu'un élément négatif.
Plus de deux siècles de condamnations arbitraires et répétées ont laissé des traces, *par contre* ne s'étant jamais tout à fait débarrassé de sa mauvaise réputation.

ENFANT PRODIGE / ENFANT PRODIGUE

Quel parent n'a pas rêvé d'avoir un enfant extrêmement précoce et doué, un *enfant prodige* ? Exemple : *à six ans et demi, Akiko l'enfant prodige remporte son premier grand prix de piano international*.

D'après l'Évangile selon saint Luc (XV, 11-32), l'*enfant prodigue*, lui, fit d'abord le désespoir de son père en dilapidant sa part d'héritage et en menant une vie de débauche. Le jeune homme repentant finit par rentrer à la maison où son père lui accorda son pardon.
La langue courante a emprunté à la célèbre parabole cette expression d'*enfant prodigue* (ou *fils prodigue*). Celui-ci n'est plus un pécheur repenti, mais simplement l'enfant qui revient dans le giron familial après une longue absence. Exemple : *Karl, le fils prodigue, a retrouvé ses parents après avoir vécu cinq ans dans la jungle amazonienne.*

ENFANTIN / INFANTILE

Enfantin a le sens général de « qui est relatif à l'enfance, ou qui en a le caractère ». Exemples : *le langage enfantin, une voix enfantine, « le vert paradis des amours enfantines »* (Baudelaire).
Infantile a un sens plus restreint, s'appliquant à la première enfance, notamment dans le domaine médical. Exemple : *la rougeole est une maladie infantile.*
Infantile se dit aussi péjorativement d'un adolescent (ou d'un adulte) qui se comporte de manière puérile, immature : « *Kévin a un comportement infantile inacceptable, il doit se ressaisir* », a conclu le proviseur sur son bulletin scolaire.

ENJOINDRE

Voilà un verbe très prisé des journalistes... mais généralement employé de travers. Il est vrai qu'il pose à la fois des problèmes de sens et de construction.
Enjoindre signifie « ordonner » (de manière explicite). Exemple : *le proviseur a enjoint aux élèves d'écraser leurs cigarettes.* Ce verbe est souvent considéré à tort comme synonyme* d'*inciter*, d'*exhorter*. Or une incitation, si pressante soit-elle, n'est pas une *injonction*.

⚠ **Bien noter la construction correcte :** *on enjoint à quelqu'un de faire quelque chose.* **Ne pas écrire « enjoindre quelqu'un ».**

Le verbe est transitif indirect*, ce qui exclut la construction passive qui tend pourtant à se répandre (à de rares exceptions près, seuls les verbes transitifs directs* peuvent se mettre à la voix passive). Exemple fautif : « Ils ont été enjoints de quitter les lieux. » On dira mieux : *ils ont été sommés de quitter les lieux.*

ENNUYANT / ENNUYEUX

Dérivé du participe présent d'*ennuyer*, l'adjectif *ennuyant* est beaucoup moins usité en français contemporain que son concurrent *ennuyeux*. Les dictionnaires en relèvent des exemples anciens avec le sens de « contrariant, fâcheux » ou avec celui de « qui suscite l'ennui ». Littré* établissait une curieuse nuance entre *ennuyant* et *ennuyeux* : « L'homme ennuyant est celui qui ennuie par occasion ; cela est accidentel ; l'homme ennuyeux est celui qui ennuie toujours ; cela est inhérent. Un homme ennuyant peut n'être aucunement ennuyeux. » Littré, qui travaillait quinze heures par jour à son *Dictionnaire de la langue française* (1872), redoutait sans doute les *ennuyants* et les *ennuyeux*. Mais cette distinction, si pertinente du point de vue de la typologie humaine, paraît linguistiquement bien artificielle...

> À NOTER
> *Ennuyant* reste très vivant au Québec et s'emploie également en Belgique.

ENQUÉRIR (s') [et non « s'enquérir de savoir »]

S'enquérir signifie « se renseigner sur, s'informer de » (registre soutenu*). Exemples : *s'enquérir de la santé de quelqu'un*, *s'enquérir de quelqu'un* (« demander de ses nouvelles »).
On trouve aussi la construction *s'enquérir* + proposition subordonnée interrogative indirecte. Exemple : *Nicole s'est enquise s'il restait des chambres disponibles à l'hôtel Bellevue* (noter l'accord du participe passé avec le sujet).

⚠ « S'enquérir de savoir » est un pléonasme* fautif.

ÉPIDÉMIE / ÉPIZOOTIE / PANDÉMIE

La confusion règne dans les esprits autour de ces trois termes.

Une *épidémie* désigne la propagation de toute maladie infectieuse chez l'homme (dans une zone donnée : région, pays, etc.).

Si cette *épidémie* s'étend à un grand nombre de pays, voire à plusieurs continents, on parle alors de *pandémie*. Exemple : *une pandémie de peste noire vida l'Europe occidentale d'un tiers de sa population au XIVe siècle.*

Une *épizootie* est une épidémie qui ne frappe que les animaux. (Le mot se prononce en principe *épizo-o-tie*, comme *zoologie*.)

> À NOTER
> Une maladie *endémique* sévit constamment (ou périodiquement) dans un pays, sur un continent. Exemple : *le paludisme est l'une des grandes maladies endémiques de l'Afrique.*

ÉPONYME

Du grec *epi*, « sur », et *onoma*, « nom », *éponyme* signifie « qui donne son nom à » (en parlant d'un dieu, d'une figure historique, d'un personnage littéraire). Les dictionnaires rappellent tous à titre d'exemple qu'Athéna est la déesse *éponyme* d'Athènes.

L'adjectif n'est pas rare dans le vocabulaire littéraire. Eugénie Grandet, Madame Bovary, Thérèse Raquin sont des héroïnes *éponymes* parce qu'elles ont donné leur nom aux romans qui les ont rendues célèbres.

Depuis quelques années, ce mot savant est très à la mode sans que l'on soit bien assuré de ce qu'il signifie. Il est généralement employé au sens de « qui a le même nom ». Exemple fautif : « *La Guerre des mondes* d'H.G. Wells a inspiré deux films éponymes à cinquante années d'intervalle. » Dans un tel cas, l'adjectif *homonyme* (du grec *homos*, « même ») conviendrait mieux.

ÉRUPTION / IRRUPTION

Le mot *éruption* désigne d'une manière générale une poussée brusque d'une chose vers l'extérieur. Selon les contextes, on parle ainsi d'*éruption volcanique*, d'*éruption dentaire*, d'*éruption cutanée*, etc.
Ce mot ne doit pas être confondu avec *irruption*, qui désigne tout au contraire un mouvement soudain vers l'intérieur (se dit des choses aussi bien que des animés). Exemple : *des inconnus masqués ayant fait irruption sur le plateau du célèbre talk-show, l'émission a été interrompue.*

ÈS (ès lettres, ès sciences, etc.)

« En matière de..., dans les... »
Contraction de *en les*, *ès* ne peut précéder qu'un nom pluriel. Exemple : *Pierre vient d'être reçu docteur ès lettres.* (Noter l'absence de trait d'union.) L'étymologie* du mot n'étant plus connue, *ès* est parfois employé improprement devant un nom singulier. « Puisqu'il s'agit d'un archaïsme* un peu prétentieux, n'est-il pas logique de l'employer de préférence à bon escient ? » demande à juste titre Grevisse dans *Le Bon Usage*.

ÊTRE AU PIED DU MUR / ÊTRE LE DOS AU MUR

Être au pied du mur, c'est être contraint d'agir dans une situation à laquelle on ne peut se soustraire. Exemple : *face à la colère de la rue qui monte, le gouvernement est au pied du mur.*
Être le dos au mur, c'est ne plus pouvoir reculer, se trouver dans une situation critique. Exemple : *le dos au mur, les salariés ont finalement accepté de quitter l'usine après trois semaines d'occupation.*
Les deux expressions ont recours à la même métaphore du mur comme obstacle, mais la visée de l'esprit n'est pas la même. Dans *être au pied du mur*, l'obstacle est envisagé comme ce qui pousse à agir, ce qui met à l'épreuve ; dans *être le dos au mur*, l'obstacle révèle une situation désespérée. Plus familière, l'expression *aller droit dans le mur* (« courir à l'échec de façon certaine ») est tout aussi pessimiste.

ÉVOQUER / INVOQUER

Évoquer signifie « faire apparaître à la mémoire, à l'esprit » (*évoquer des souvenirs*), ou bien « mentionner, faire allusion à » (*évoquer la question des salaires*).

Invoquer a couramment le sens de « mettre en avant comme un recours ». Exemple : *le ministre a invoqué la lutte contre le chômage pour défendre un projet de loi très contesté.*

> ### À NOTER
> *Invoquer*, c'est au sens propre* « appeler à l'aide par la prière ». Exemples : *invoquer le secours de Dieu, invoquer la Très Sainte Vierge Marie.*

f

FAIRE LONG FEU / NE PAS FAIRE LONG FEU

Faire long feu : « manquer son but, échouer ».
Ne pas faire long feu : « ne pas durer longtemps ».
Au sens propre*, *faire long feu* s'est d'abord dit d'une arme à feu. Lorsque la combustion de la poudre durait trop longtemps, le coup ne partait pas, ou partait mal, et manquait son but. L'expression s'est maintenue dans l'usage littéraire par le sens métaphorique qui est celui de l'échec. Exemple : *les pourparlers entre Israéliens et Palestiniens ont une fois de plus fait long feu.*
Par opposition, on pourrait s'attendre à ce que *ne pas faire long feu* signifie « réussir ». Mais une autre métaphore l'a ici emporté, celle de la flamme qui s'éteint rapidement. *Ne pas faire long feu* exprime ainsi la brièveté d'une action, d'une situation. Contrairement à la première expression, *ne pas faire long feu* est d'un emploi très courant et plutôt familier. Exemple : *les résultats scolaires de Kévin se sont améliorés avant Noël, mais ses progrès n'ont pas fait long feu.*

FAUTE D'ATTENTION / FAUTE D'INATTENTION

Faute d'attention (c'est-à-dire par manque d'attention) on commet des *fautes d'inattention*. Dire que l'on a fait une « faute d'attention » est incorrect. Il faut entendre dans une *faute d'inattention* « une faute commise par inattention ». C'est la cause, et non le domaine, qui est ici envisagée (comme pour une *faute d'étourderie*). La confusion s'explique facilement et mérite l'indulgence pour ceux qui ont « fauté » : *une faute de* est le plus souvent suivi d'un complément exprimant la nature de la faute. Exemples : *une faute de goût, une faute d'orthographe*, etc.

FORFAIT / FORFAITURE

Un *forfait* est un grand crime, un crime abominable. Le mot, d'un registre littéraire*, s'emploie surtout dans un contexte historique :

« On lit Thucydide, puis on lit Tacite, puis on lit Michelet sur le Moyen Âge, puis Retz, puis Saint-Simon, puis Taine sur la Révolution française, et on trouve que cela est toujours la même chose : c'est toujours la même trame de forfaits, coagulée de sang. »
(*Textes sous une Occupation*, Henry de MONTHERLANT)

La *forfaiture* était autrefois un crime commis par un agent de l'État dans l'exercice de ses fonctions. Par extension*, le mot s'emploie dans un registre littéraire* pour désigner un acte déloyal, une trahison. Exemple : *le président du parti a dénoncé « la forfaiture des anciens militants entrés en dissidence »*.

> **À NOTER**
> Les deux mots sont dérivés de *forfaire*, « manquer gravement à ses devoirs ». À l'époque médiévale, la *forfaiture* désignait la « violation du serment de foi et hommage ». Par la cérémonie de l'hommage, le vassal jurait fidélité à son seigneur, devant le servir et le conseiller.

FRUSTE / RUSTRE

Comme terme technique, *fruste*, de l'italien *frusto*, « usé », signifie « au relief usé par le temps, le frottement ». Exemples : *une sculpture fruste, des pièces de monnaie frustes*, etc.
Au figuré, et sous l'influence de *rustre*, le mot a pris le sens de « mal dégrossi, sans finesse ». Exemple : « *Les esprits*

frustes ne peuvent rien comprendre à ma peinture », *a déclaré le jeune artiste dont l'exposition est jugée sévèrement par la critique.*
Rustre se dit d'un individu grossier et brutal. Exemple : *ce rustre est encore passé devant tout le monde à la boulangerie.* Notons que si les *rustres* se portent bien par les temps qui courent, le mot, lui, tend à vieillir.

⚠ *Fruste* est souvent altéré en « frustre ». Ce mot n'appartient pas au français correct.

FUNÈBRE / FUNÉRAIRE

Funéraire est d'un emploi restreint, s'appliquant strictement aux funérailles et aux objets commémorant les défunts. Exemples : *une urne funéraire* (ou *cinéraire*), *un monument funéraire.*
Funèbre désigne ce qui se rapporte aux funérailles, mais aussi à la mort elle-même :

« Me sera-t-il permis aujourd'hui d'ouvrir un tombeau devant la cour, et des yeux si délicats ne seront-ils point offensés par un objet si funèbre ? »
(*Sermon sur la mort*, Jacques Bénigne BOSSUET)

Seul *funèbre* s'emploie aujourd'hui au sens figuré* pour évoquer ce qui « inspire des idées de tristesse et de mort » (Littré*). Exemple : *des paysages désolés, funèbres.*

G

GENÈSE [et non « génèse »]

Genèse (avec une majuscule) est le titre du premier livre de la Bible consacré à la création du monde et aux origines de l'humanité (du grec *genesis*, « naissance, origine »). Comme nom commun, *genèse* désigne la façon dont une chose a été créée, élaborée. Exemple : *au Salon du livre, le célèbre philosophe exposait la genèse de son ouvrage à un journaliste lorsqu'il fut entarté par des inconnus.*

⚠ **Genèse ne se prononce pas « génèse » et s'écrit sans accent sur le premier *e*, contrairement aux adjectifs dérivés : *génésiaque* (« relatif à la Genèse »), *génésique* (« relatif à la reproduction sexuée »).**

H

HARDE / HORDE

Une *horde* est une troupe de personnes violentes. On parle ainsi d'une *horde* de brigands, de hooligans, etc. Par extension*, et dans un sens affaibli*, une *horde* désigne n'importe quel groupe de personnes indisciplinées. Exemple : *des hordes de supporteurs ont bruyamment fêté la victoire de leur équipe toute la nuit.*
Le mot est parfois confondu avec son paronyme* *harde*, qui désigne une troupe d'animaux sauvages. Exemples : *des hardes de cerfs, de caribous*, etc.

HIBERNER / HIVERNER

Ces deux verbes sont des doublets* du mot latin *hibernare*, « passer l'hiver ».
Hiberner se dit des mammifères qui passent l'hiver en *hibernation*, c'est-à-dire dans un état léthargique dû à une baisse de la température corporelle. Les marmottes, les chauves-souris sont des adeptes de l'*hibernation*. Bien qu'aucun cas humain d'*hibernation* naturelle n'ait été recensé à ce jour, rien n'interdit un emploi métaphorique du mot. Exemple : *tous les dimanches de janvier, Kévin hiberne sous la couette.*
Hiverner signifie « passer l'hiver à l'abri » ou, plus largement, « passer l'hiver dans tel ou tel endroit ». Exemple : *chaque année, de nombreux Québécois hivernent en Floride.*

⚠ **On distinguera de même les dérivés *hibernal* et *hivernal*. Exemples :** *un froid hivernal*, **mais** *le sommeil hibernal de la marmotte.*

IMPACTER

Le verbe *impacter* est dérivé du nom *impact*, employé dans le sens anglais d'« effet, influence » devenu courant en français contemporain. Il s'est introduit dans la langue générale par le langage commercial, dont les médias se font volontiers l'écho : « La grève impacte même les entreprises qui ne travaillent pas avec la SNCF dans la mesure où la concurrence pour trouver un transporteur routier ou fluvial se fait plus vive. » (*Le Monde*, 21 novembre 2007)
Impacter s'emploie aujourd'hui bien au-delà des limites du domaine économique... et surtout bien au-delà du raisonnable. Il est si envahissant que la saturation semble atteinte ; on attend qu'il s'use, comme tant d'autres mots à la mode, pour que soient redécouverts ses (quasi-) synonymes* : *toucher, influer sur, influencer, avoir un effet (une incidence, un retentissement, des répercussions) sur...*

IMPASSIBLE / IMPAVIDE

Issu du latin *pavor*, « peur », *impavide* signifie « qui n'éprouve ou ne manifeste aucune peur » (registre littéraire*). Par extension de sens*, le mot est souvent employé comme synonyme* littéraire d'*impassible*, « qui ne manifeste aucun sentiment, aucune émotion ». Il est pourtant utile de garder à *impavide* son sens premier*, puisque aucun autre mot ne peut lui être véritablement substitué.

IMPÉRITIE / INCURIE

Issu du latin *cura*, « soin », l'*incurie* est le manque de soin, la négligence (registre soutenu*). Voilà un terme dont on gratifie généralement un État, un gouvernement, l'administration, etc.
L'*incurie* ne se confond pas avec l'*impéritie*, mais elle la nourrit. *Impéritie* est un synonyme* littéraire d'*incompétence* (notamment dans l'exercice d'une profession). Exemple : « *Réagir à l'impéritie de la direction !* » (titre d'un bulletin syndical).

⚠ **Dans *impéritie*, la dernière syllabe *tie* se prononce *si*, comme dans *démocratie*.**

IMPÉTRANT

Un *impétrant*, du latin *impetrare*, « obtenir », est celui qui a obtenu un diplôme. Employer ce mot à la place de *candidat*, *postulant*, comme on le fait souvent, c'est commettre un contresens… et faire preuve d'optimisme, car tous les *candidats* ne deviennent pas des *impétrants*. Les « impétrants bacheliers » ne sont pas les *aspirants* au plus célèbre diplôme français mais en sont bien les heureux *titulaires*. Exemple : *pour être valide, le diplôme doit être revêtu de la signature de l'impétrant.*

INCLINAISON / INCLINATION

Inclinaison : « état de ce qui est incliné ». Exemple : *malgré la brutale inclinaison de l'avion, les hôtesses n'ont perdu ni leur équilibre ni leur sang-froid.*
Le mot s'emploie notamment pour désigner la position inclinée du haut du corps. Exemple : *dans cet exercice de musculation, l'inclinaison du buste concentre l'effort sur les pectoraux.*
Inclination : « action de pencher le corps ou la tête comme signe d'acquiescement ou marque de respect ». Exemple : *selon le protocole, les personnes qui rencontrent la reine d'Angleterre peuvent faire une révérence ou une inclination de tête, ou en toute simplicité lui serrer la main.*

Au sens figuré*, l'*inclination* marque une tendance, un goût pour quelque chose (ex. : *Arthur a une inclination à la paresse*), mais aussi un sentiment d'affection, d'amour pour quelqu'un (sens courant dans la langue classique, mais aujourd'hui sorti d'usage) :

> (L'infante :)
> « Mon inclination a bien changé d'objet.
> Je n'aime plus Rodrigue, un simple gentilhomme ;
> Non, ce n'est plus ainsi que mon amour le nomme :
> Si j'aime, c'est l'auteur de tant de beaux exploits,
> C'est le valeureux Cid, le maître de deux rois. »
> (*Le Cid*, acte V, scène III, Pierre CORNEILLE)

INFECTER / INFESTER

Infecter : « provoquer une infection par la transmission de germes pathogènes ». Exemple : *une plaie infectée*.
Infester : « ravager, dévaster (un pays, une région) ». Exemple : *les pirates qui infestent les côtes somaliennes sont devenus le cauchemar des armateurs*.
Par extension de sens*, *infester* s'emploie également pour désigner une invasion d'animaux ou de plantes nuisibles. Exemples : *des marécages infestés de moustiques*, *des mers infestées de requins*, etc.

INGAMBE

On est *ingambe* quand on a le plein usage de ses jambes, et non lorsqu'on s'en sert avec difficulté. Le contresens vient de ce que l'on croit reconnaître le préfixe* négatif *in-* (comme dans *incorrect*, *invraisemblable*, etc.). *Ingambe* est en fait un emprunt à l'italien *(essere) in gamba*, littéralement « (être) en jambe », d'où « en bonne forme, leste ». Le mot n'est pas rare dans la littérature :

> « Enfin M. de Coëtquidan monta l'escalier, et, peu ingambe, il s'accrochait tellement à la rampe qu'on eût dit qu'il allait la déraciner : elle en tremblait du bas en haut de la maison. »
> (*Les Célibataires*, Henry de MONTHERLANT)

INITIER

Depuis le XVIIe siècle, *initier* s'est imposé en français avec le sens d'« enseigner les bases d'une technique, d'un art, d'une discipline, etc. ». Exemples : *être initié à la sculpture, à la philosophie,* etc. Cette valeur fondamentale d'enseignement, de transmission liée à *initier* est comme balayée par le triomphe actuel du sens anglais, « commencer ». « Le verbe se rattache de cette façon à *initiative*, mais dans un emploi sans rapport avec son sémantisme propre, ce qui rend cet emploi très critiquable », estime le lexicographe Alain Rey (*Dictionnaire historique de la langue française*). Par surcroît, les verbes (ou locutions* verbales) de sens voisin comme *commencer, amorcer, lancer, inaugurer, instaurer, mettre en place, mettre en route,* etc. sont suffisamment nombreux pour rendre plus discutable encore cet anglicisme* très à la mode.

J

JUDICIAIRE / JURIDIQUE

Judiciaire : « qui se rapporte à la justice ». Exemples : *l'institution judiciaire, des poursuites judiciaires, la police judiciaire,* etc.
Juridique : « qui se rapporte au droit ». Exemples : *une formation juridique, un conseiller juridique, une aide juridique,* etc.

JURÉ / JURY

Jury : « ensemble des jurés ».
Juré : « chacun des membres d'un jury ».
Un *juré* est un citoyen appelé par tirage au sort à faire partie du *jury* d'une cour d'assises (en France). Par analogie, le mot désigne tout ensemble de personnes qui évalue des candidats (dans les domaines de l'enseignement, de la création artistique, etc.). Dans ce sens, on parle des *membres du jury* et non des *jurés*.

⚠ Éviter l'erreur assez commune qui consiste à désigner un seul *juré* ou *membre du jury* en disant « un jury ».

L

LE VIVRE ET LE COUVERT

« Le vivre et le couvert, que faut-il davantage ? » (*Le rat qui s'est retiré du monde*, Jean de LA FONTAINE)
Le vivre et le couvert, c'est un endroit où dormir et manger. *Vivre* est à entendre ici dans son sens ancien de « nourriture » et *couvert* dans celui de « abri, toit ». Cette expression n'étant plus comprise, l'usage courant lui a substitué *le gîte et le couvert*, prêtant à *couvert* le sens moderne d'« ustensiles de table ». L'expression traditionnelle, attestée* au XVIIe siècle, ne se maintient plus que dans un registre littéraire*.

> **À NOTER**
> L'expression *le clos et le couvert*, que bailleurs et locataires peinent parfois à interpréter, signifie « les murs et la toiture », *couvert* ayant conservé, là encore, son sens ancien. On était jadis *clos et couvert* quand on était à l'abri des intempéries.

LOW COST

Les compagnies aériennes *low cost* réduisent au minimum leurs frais de fonctionnement afin d'offrir aux voyageurs les billets les moins chers possible. Depuis quelques années, *low cost* s'emploie également à propos d'autres produits : hôtellerie, voitures, etc.
L'anglicisme* *low cost* peut être aisément remplacé par *à bas coût* ou *à bas prix*. Exemple : *cette compagnie à bas*

prix exige des pilotes qu'ils préparent eux-mêmes les sandwichs vendus à bord.

LUXURIANT / LUXURIEUX

La *luxure* est l'un des sept péchés capitaux, et non des moindres. Le mot a donné l'adjectif *luxurieux*, « qui s'adonne aux plaisirs sensuels, débauché ».
Pour éviter toute équivoque, on ne confondra pas *luxurieux* et *luxuriant*, « qui pousse avec abondance ». Exemples : *une végétation luxuriante, des jardins luxuriants,* etc.
Les « jardins luxurieux » que vantent certains dépliants touristiques sont une promesse à examiner avec précaution.

M

MACABRE / MORBIDE

Macabre : « qui a trait aux morts ou qui évoque la mort ».
Morbide : « qui est relatif à la maladie ». (Vocabulaire médical.)
Morbide, du latin *morbidus*, « malade », ne se dit que de ce qui est propre à la maladie, et non de ce qui évoque la mort. L'*obésité morbide* est appelée ainsi parce qu'elle entraîne un risque élevé de complications et non parce qu'elle est directement mortifère...
Dans la langue courante, *morbide* désigne une attirance jugée anormale, malsaine. Exemple : *la psychologue a paru très intéressée par les goûts morbides de Kévin pour les films d'horreur.*

MAGNIFICENCE / MUNIFICENCE

Appliqué à une chose, le mot *magnificence* désigne l'éclat de ce qui est magnifique. La *magnificence* laisse généralement émerveillé et comme frappé de stupeur :

« [...] je n'avais pour la magnificence qui frappait mes yeux qu'une admiration stupide et sans convoitise. La seule chose qui m'intéressât dans tout l'éclat de la cour était de voir s'il n'y aurait point là quelque jeune princesse qui méritât mon hommage, et avec laquelle je pusse faire un roman. »

(*Les Confessions*, Jean-Jacques ROUSSEAU)

Du latin *munificus*, « généreux », la *munificence*, c'est la grandeur dans la générosité. Voilà un mot qui nous fait atteindre des hauteurs hors du commun... où séjournent les dieux et les rois :

> « C'est vous, sans doute, qui inspirâtes à Charles V votre sagesse, à Louis XIII cet amour de son peuple ; c'est par vous que François Ier fut le père des lettres ; c'est vous qui rendîtes Henri IV à l'Église, c'est à votre exemple qu'il sut vaincre et pardonner ; vous avez donné votre force et votre munificence à Louis XIV [...] »
> (*Panégyrique de saint Louis*, VOLTAIRE)

MALIGNE [et non « maline »]

Maligne est la forme correcte du féminin de *malin*.

> **À NOTER**
> En français, la plupart des adjectifs font leur féminin par la simple addition d'un *e* final (*blond* → *blonde*). Mais cet ajout s'accompagne parfois d'autres modifications : addition d'une consonne (*rigolo* → *rigolote*), redoublement de la consonne finale (*coquet* → *coquette*), changement de la consonne finale (*bénin* → *bénigne*). Le féminin *maligne* participe de cette dernière catégorie.

⚠ *Maligne* est concurrencé dans l'usage courant par « maline », d'origine ancienne et populaire, toujours très vivant dans la langue familière mais jugé peu correct.

MANDAT / MANDATURE

En droit public, le mot *mandat* désigne toute charge publique élective aussi bien que la durée de ce mandat (*mandat présidentiel, mandat législatif*, etc.). Exemple : *le sénateur, âgé de quatre-vingts ans, est décédé la huitième année de son mandat.*
Le néologisme* *mandature*, qui désigne exclusivement la durée d'un *mandat* électif, est apparu dans les années 1980, par analogie avec *législature* (« durée du mandat d'une assemblée législative »).

METTRE À JOUR / METTRE AU JOUR

Mettre à jour, c'est mettre en conformité, en ordre avec le moment présent. Exemples : *mettre à jour sa correspondance, sa comptabilité.*
Mettre au jour signifie « mettre à découvert », et au figuré « faire apparaître, révéler ». Exemple : *les enquêteurs ont mis au jour d'importantes contradictions dans les aveux du tueur en série.*

MITIGER

Le verbe *mitiger* vient du latin *mitigare*, « adoucir ». Il signifie « rendre plus doux, moins strict », et est d'un emploi littéraire :

« Sa façon précise et mordante de parler faisait de sa conversation un plaisir non dépourvu d'inquiétude, car le sarcasme fleurissait sur ses lèvres minces, mais un sarcasme mitigé par la politesse et par une charité naturelle qu'elle prenait sans doute pour une faiblesse et qu'elle gouvernait assez mal. »

(*Jeunes Années*, Julien GREEN)

Dans la langue courante, on rencontre surtout l'adjectif dérivé *mitigé*, employé comme synonyme* de *mêlé, partagé*, sous l'influence de *mi-*, « à moitié ». Les « présentateurs météo » en sont très friands. Exemple : *demain, le temps sera mitigé sur la moitié nord du pays, les averses alternant avec de brèves éclaircies.*

MYTHIFIER, DÉMYTHIFIER / MYSTIFIER, DÉMYSTIFIER

Mythifier, c'est transformer en mythe quelqu'un ou quelque chose. Son antonyme* est *démythifier*, qui est plus courant.
Démythifier un personnage historique, une figure littéraire, etc., c'est lui ôter sa valeur de mythe. Exemple : *cette biographie démythifie Napoléon le grand stratège pour dévoiler l'homme et ses faiblesses.*
Mystifier quelqu'un, c'est le tromper en abusant de sa crédulité. Exemple : *des centaines de personnes ont été mystifiées par le faux vendeur de maisons en kit*. On est donc *démystifié* quand on est détrompé.

⚠ *Démystifier* est souvent employé à tort à la place de *démythifier*.

N

N'ÊTRE PAS SANS SAVOIR [et non « n'être pas sans ignorer »]

Vous n'êtes pas sans savoir : « vous savez très bien, vous savez pertinemment » (littéralement : vous n'êtes pas celui qui ne sait pas, donc vous savez).
Par contresens, certains locuteurs disent « vous n'êtes pas sans ignorer ». Il faut reconnaître que la tournure alambiquée *n'être pas sans* + infinitif encourage les confusions. Il existe d'autres manières plus simples de renforcer une affirmation : *vous n'ignorez pas que... Vous savez pertinemment que...*, etc.

NOMINER / NOMMER

De l'anglais *to nominate*, *nominer* est devenu courant en français au sens de « sélectionner une œuvre, une personne pour un prix, une distinction ». *Sélectionner* est le terme français officiellement recommandé, mais le sens de *nominer* est plus précis, car il implique qu'on sélectionne avant un choix final. Pour éviter l'anglicisme*, on préfère généralement employer le verbe *nommer*, qui a d'ailleurs la même racine latine que *nominate* : *nominare*.

> **À NOTER**
> *Nominer* est un anglicisme particulièrement critiqué, mais est-il vraiment le monstre que l'on voit en lui ? La linguiste Henriette Walter vole à son secours, estimant *nominer* bien formé, sur le modèle des verbes du 1er groupe : *dominer*, *éliminer*, etc.

Elle ajoute que *nominer* n'est pas synonyme* de *nommer* et qu'il a donc sa raison d'être... (entretien accordé au journal québécois *Quartier libre*, 1997).

NOTABLE / NOTOIRE

Est *notable* ce qui mérite d'être noté, d'être remarqué. Exemple : *ce trimestre, Kévin a fait des progrès notables en éducation physique.*

Comme substantif, *notable* désigne une personne qui a une position sociale importante. Exemple : *d'après la presse locale, des notables de la ville sont impliqués dans cette nouvelle affaire de pédophilie.*

Est *notoire* ce qui est bien connu, connu de tous. Exemple : *selon les responsables syndicaux de l'entreprise, le nouveau P-DG est d'une incompétence notoire.*

En tournure impersonnelle : *il est notoire que son incompétence bat des records.*

En parlant de quelqu'un : « bien connu comme tel ». Dans cet emploi, l'adjectif souligne un défaut plutôt qu'une qualité. Exemple : *c'est un imbécile notoire.*

OBNUBILER [et non « omnubiler » ou « omnibuler »]

Obnubiler nous vient du latin *obnubilare*, « couvrir de nuages ». L'étymologie* éclaire le sens abstrait du verbe en français : « obscurcir l'esprit, troubler la raison ». Exemple : *Dès que Kévin aperçoit Élodie, son esprit s'obnubile.* (Noter ici l'emploi pronominal.)
Obnubiler est surtout courant aujourd'hui au sens étendu d'« obséder, hanter », généralement sous la forme de son participe passé. Exemple : *Pauline, vingt et un ans, est obnubilée par ses ridules.*

⚠ **Obnubilé est souvent déformé en « omnubilé » ou en « omnibulé ». Sans doute faut-il y voir l'influence des mots préfixés en** *omni-* **(***omnivore, omnisports,* **etc.).**

ODORANT / ODORIFÉRANT

Les « parfums frais comme des chairs d'enfants » chers à Baudelaire sont-ils *odorants* ou *odoriférants* ?
Entre *odorant* et *odoriférant*, il y a une nuance méconnue, et qui n'a pas toujours existé. Au XVIIe siècle, le *Dictionnaire de l'Académie française* donne aux deux mots la même signification : « qui jette une bonne odeur ». C'est à partir du XVIIIe siècle qu'*odorant* s'emploie de façon neutre tandis qu'*odoriférant* garde le privilège d'évoquer les odeurs agréables. Exemples : *des parfums odoriférants, des herbes odoriférantes,* etc.

OPPORTUNITÉ

L'*opportunité*, c'est le caractère de ce qui est *opportun*, c'est-à-dire de ce qui vient à propos, de ce qui se produit au bon moment. Exemple : *l'opportunité d'annoncer une nouvelle taxe avant les élections présidentielles est contestée au sein même de la majorité.*
Sous l'influence de l'anglais *opportunity*, le mot s'emploie surtout aujourd'hui au sens d'« occasion favorable ». *Opportunité* est omniprésent dans la langue commerciale et le vocabulaire de l'entreprise (les fameuses « opportunités à saisir »), mais aussi dans la langue courante où le mot désigne une belle occasion, une chance qu'il ne faut pas laisser passer. Exemple : *Nicole et Jacques ont eu l'opportunité d'acheter leur fermette du Perche à un bon prix.*
Comment expliquer un tel succès ? Dans l'esprit des usagers, la valeur positive d'*opportunité* est sans doute plus marquée que pour *occasion*, qui paraît plus neutre. Si l'on souhaite éviter cet anglicisme* sémantique, c'est pourtant le mot *occasion* qu'il faut employer (ou parfois *chance*). Il peut se renforcer en *belle* ou *heureuse occasion*, selon la bonne fortune de chacun...

OPPRESSER / OPPRIMER

Opprimer et *oppresser* se rapportent tous deux au même substantif *oppression*, mais leur signification est bien différente.
Être *opprimé*, c'est être victime d'une autorité tyrannique, subir la violence qu'elle exerce. Exemple : *après le coup d'État de Pinochet, le peuple chilien fut opprimé par la dictature militaire.*
On est *oppressé* lorsqu'on ressent un poids sur la poitrine qui gêne la respiration. Exemple : *Kévin se sent oppressé à chaque fois qu'il est interrogé en classe.*

> **À NOTER**
> *Oppresser* a d'abord eu le même sens qu'*opprimer*. Le *Dictionnaire de l'Académie française* (1694) souligne que *« les bons princes n'oppressent point leurs sujets »*. Mais à partir du XVIIe siècle, une autre signification du mot apparaît, « gêner la respiration », et élimine peu à peu le sens originel.

OSTENSIBLE / OSTENTATOIRE

Ostensible et *ostentatoire* sont tous deux issus du latin *ostendere*, « montrer ». Ils sont donc apparentés par l'étymologie*, mais sont aussi très proches par la forme et le sens. Comment distinguer ces adjectifs qui se ressemblent comme deux gouttes d'eau ?

Ostensible et *ostentatoire* ne témoignent pas d'une même intention. Est *ostensible* ce que l'on ne cherche pas à cacher, ce qu'on laisse apparent ; est *ostentatoire* ce que l'on cherche à montrer, ce sur quoi l'on veut attirer l'attention. Par exemple, la plupart des vêtements pour adolescents affichent généralement le logo de la marque de manière *ostentatoire*. *Ostensible* serait ici moins approprié car de sens plus large.

Sur certains sujets sensibles, la nuance a une portée non négligeable : le port d'un signe religieux *ostensible* est discret, il implique qu'un regard s'attarde sur quelqu'un pour le découvrir ; le signe *ostentatoire*, lui, saute aux yeux, comme la première chose que l'on souhaite offrir au regard d'autrui. On s'étonne alors qu'en France la loi du 15 mars 2004 proscrive à l'école le port des signes religieux *ostensibles*, alors que ce sont les signes *ostentatoires* qui semblent visés par le législateur.

P

PALLIER

Autrefois, en médecine, *pallier un mal*, c'était le soulager sans le guérir (on parle aujourd'hui de *soins palliatifs*). De là vient le sens figuré* et moderne de *pallier* : « atténuer faute de mieux, remédier provisoirement ». Exemple : *la mairie a mis en place des cars de substitution pour pallier la grève des bus.*

> **À NOTER**
> *Pallier* est issu du latin *palliare*, « couvrir d'un manteau ». Au sens premier* du terme, *pallier*, c'est « dissimuler une chose condamnable sous une belle apparence ». Dans *Les Confessions*, après avoir conté un menu larcin chez Mme de Vercellis, Rousseau prend le lecteur à témoin : « […] et l'on ne trouvera sûrement pas que j'aie ici pallié la noirceur de mon forfait. »

⚠️ *Pallier* est un verbe transitif direct*, c'est-à-dire qu'il se construit avec un complément d'objet direct. On dit *pallier les problèmes* et non « pallier aux problèmes ». La construction fautive « pallier à » s'est répandue par analogie avec *parer à, remédier à*.

PANACÉE [et non « panacée universelle »]

Dans la mythologie grecque, la déesse Panacée guérit les malades grâce aux plantes.
Devenu nom commun, *panacée* signifie « remède universel à toutes les maladies ». Au sens figuré*, le mot désigne un

prétendu remède contre tous les maux. Il s'emploie notamment dans un contexte social. Exemple : « *Nous n'avons pas trouvé la panacée contre le chômage, mais nous continuons de chercher* », a déclaré le président lors de ses vœux aux Français.

> À NOTER
> Le mot *panacée* est formé du grec *pan*, « tout », et de *akos*, « remède ».

⚠️ Bien que d'un usage courant, « panacée universelle » est un pléonasme* généralement condamné.

PARAPHRASE / PÉRIPHRASE

La *paraphrase* est un défaut bien connu des enseignants. Certains élèves se révèlent en effet de redoutables *paraphraseurs*, reformulant dans leurs commentaires de texte ce qui est écrit par l'auteur. La *paraphrase* est donc une redite, un développement verbeux.
On fait une *périphrase* quand on formule en plusieurs mots ce qui peut l'être en un seul. Ce terme n'a pas de valeur péjorative, contrairement à *paraphrase*. Exemple : l'« astre de la nuit » est une périphrase poétique pour la « lune ».

PARTICIPER À / PARTICIPER DE

On *participe à* quelque chose lorsqu'on y prend part. Exemples : *participer à un match, à une réunion, à un débat*, etc. *Participer de* signifie « tenir de la nature de, relever de » (registre soutenu*). Exemple : « *Notre merveilleux patrimoine participe du rayonnement de la France dans le monde* », a rappelé le ministre de la Culture.

PÉCUNIAIRE [et non « pécunier »]

Issu du latin *pecunia*, « richesse ; argent », *pécuniaire* signifie « qui est relatif à l'argent ou qui consiste en argent » (registre soutenu*). Exemples : *avoir des soucis pécuniaires, bénéficier d'une aide pécuniaire*.

> À NOTER
> Les autres adjectifs dérivés de *pecunia* sont vieillis* : *pécunieux*, « qui a beaucoup d'argent » ; *impécunieux*, « qui manque

d'argent ». *Pécuniaire* est donc le seul mot de sa famille à s'être maintenu dans l'usage.

⚠ « Pécunier » est un barbarisme* né probablement de l'analogie avec des formes comme *rancunier, rancunière*. Le suffixe* *-aire* de *pécuniaire* (« relatif à ») a servi à former des mots comme *budgétaire, légendaire, planétaire*, etc.

PERDURER

Apparu au Moyen Âge, *perdurer* a d'abord signifié « durer éternellement », « durer longtemps ». Le mot a ensuite connu une longue éclipse avant de refaire surface au XIXe siècle dans l'usage littéraire. Mais c'est seulement depuis quelques années que *perdurer* jouit d'une popularité sans précédent, notamment dans le langage médiatique, avec le sens affaibli* de « durer encore, persister ». Exemple : *malgré l'intervention d'un médiateur nommé par le préfet, la grève perdure.*
Existe-t-il aujourd'hui une différence notable entre *durer* et *perdurer* ? Par sa coloration technique, savante, *perdurer* a plus d'éclat que son rival. *Durer* est un mot banal, neutre ; *perdurer* sent son technicien, le fin analyste, il donne de l'importance aux propos les plus creux : « *Les tensions politiques au Moyen-Orient risquent de perdurer* », a déclaré le chef de la diplomatie française.

PÉREMPTION (date de) / PRÉEMPTION

Une *date de péremption*, c'est une date au-delà de laquelle un médicament ne doit plus être utilisé, un produit alimentaire consommé, etc. Ce terme technique a des équivalents plus simples : *date limite d'utilisation, date limite de consommation*. Exemple : *d'après les services sanitaires, la date de péremption du pâté de foie servi aux élèves était dépassée de onze jours.*
Par confusion, certains locuteurs parlent de la « date de préemption » d'un produit. *Préemption* est un terme juridique. Le *droit de préemption*, c'est la priorité dont jouit un

acheteur. Exemple : *la Bibliothèque nationale de France peut exercer un droit de préemption en vente publique.*

PÉRIL EN LA DEMEURE (il y a, il n'y a pas)

Il y a péril en la demeure lorsqu'il est risqué d'attendre et qu'il faut agir rapidement. Inversement, *il n'y a pas péril en la demeure* quand rien ne presse et qu'il n'y a aucun risque à attendre.
Le mot *demeure* est ici employé dans son sens ancien : « fait de demeurer, de s'attarder ; retard », mais comme il n'est plus compris, l'usage courant tend à lui donner le sens moderne d'« habitation ». Par confusion, *il y a péril en la demeure* en vient à signifier « il est dangereux de se trouver dans ce lieu ».

PERPÉTRER / PERPÉTUER

Perpétrer : « commettre une action criminelle ». Exemples : *perpétrer un attentat, un crime,* etc.
Perpétuer : « faire durer toujours ou très longtemps ». Exemple : « *Nous sommes fiers de perpétuer les traditions de Noël en Provence* », a déclaré le président du conseil régional au journal télévisé.
Ces deux verbes – de sens si différent – sont d'autant plus facilement confondus qu'ils sont très proches phonétiquement. Il faut tâcher de se rappeler que *perpétuer*, du latin *perpetuare*, « faire durer », est en relation avec des mots comme *perpétuel, perpétuité* qui évoquent tous l'idée de durée.

PERSONNALISER / PERSONNIFIER

Personnaliser, c'est donner un caractère personnel à quelque chose, notamment à un bien de consommation. Ainsi personnalise-t-on ses tee-shirts, les sonneries de son téléphone portable, son PC, etc. Échapper au cauchemar de l'anonymat a bien sûr un prix, mais le crédit consenti par sa banque pour financer toutes ces *personnalisations* est lui aussi... *personnalisé* (c'est-à-dire adapté à chaque cas).

Le succès de *personnaliser* est tel qu'il nous ferait presque oublier le sens d'un autre verbe qui lui ressemble à s'y méprendre : *personnifier*.

Personnifier, c'est représenter sous des traits humains quelque chose d'abstrait. Le terme n'est pas rare dans le vocabulaire littéraire. On dira, par exemple, qu'Harpagon (*L'Avare*, Molière) ou que le père Grandet (*Eugénie Grandet*, Balzac) *personnifient* l'avarice. Mais *personnifier* a aussi une autre signification, plus courante : « posséder une qualité ou un défaut au plus haut degré ». Le verbe se rencontre alors généralement au participe passé, sous une forme adjectivée. Exemple : *mis en cause par le juge d'instruction, le président du club de football a protesté qu'il était l'honnêteté personnifiée.*

PIRE / PIS

Aller *de mal en pis*, c'est aller de plus en plus mal. Voilà qui éclaire le sens de *pis*, comparatif de supériorité de *mal*. Le mot est vieilli* et généralement supplanté aujourd'hui par *plus mal* ou par *pire*, comparatif de supériorité de *mauvais*. Il subsiste néanmoins dans certaines locutions* comme *de mal en pis* (et non pas « de mal en pire »), *tant pis, pis que pendre*...

> **À NOTER**
> On n'imitera pas « la grosse Sylvie », cuisinière à la pension Vauquer, qui déforme *tant pis* en « tant pire » :
>
> « – Par exemple, dit la grosse Sylvie, tout est malheur aujourd'hui, mon haricot de mouton s'est attaché. Bah ! vous le mangerez brûlé, tant pire ! »
>
> (*Le Père Goriot*, Honoré de BALZAC)

POLICÉ (pays) / POLICIER (État)

Policé ne doit pas s'employer à la place de l'adjectif *policier* dans les expressions *État policier, régime policier*.
Un pays *policé* est un pays civilisé, où la civilisation a fait son œuvre. C'est exactement le contraire d'un État où règnent la corruption, le désordre, la violence...

Un État est dit *policier* lorsque le rôle de la police y est très important, au détriment des libertés individuelles et collectives, et que les citoyens subissent sa violence.

« Une nation policée (l'Angleterre) n'a presque pas de police visible. Un État policier n'est pas un État policé. »
(*Le Voyage*, Paul MORAND, 1964)

POTRON-MINET (dès) [et non « poltron-minet »]

Dès potron-minet (« dès l'aube ») est une de ces locutions* qui ont un parfum d'autrefois, quelque chose de pittoresque et de désuet qui fait tout leur charme, mais dont l'origine est oubliée.

Potron, dérivé du latin *posterio*, signifie, nous en avons bien peur : « derrière, cul ». Quant au *minet*, on lui prête des habitudes très matinales. « Dès que le chat est levé et montre son derrière » est donc le sens littéral de cette étrange locution.

Aujourd'hui, le mot *potron* n'étant plus compris, il est parfois altéré en « poltron(-minet) ». Au XIXe siècle, le *potron* (le postérieur, donc) était plutôt déformé (malicieusement ?) en « patron ». Dans *Le Père Goriot*, de Balzac, madame Vauquer joue les femmes savantes auprès de « la grosse Sylvie », sa cuisinière, en s'embrouillant un peu :

(Sylvie :)

« – Bah ! vos pensionnaires avaient bien le diable au corps ; ils ont tous décanillé dès le patron-jacquette.

– Parle donc bien, Sylvie, reprit madame Vauquer : on dit le patron-minette.

– Ah ! madame, je dirai comme vous voudrez. »

> **À NOTER**
> On a d'abord dit *potron-jacquet* (*jacquet* est le mot normand pour *écureuil*), qui est attesté* au XVIIe siècle puis cède peu à peu la place à *potron-minet* au XIXe siècle.

PRESSURÉ / PRESSURISÉ

Pressurisé, « maintenu à une pression normale », s'emploie notamment dans le vocabulaire de l'aéronautique. Exem-

ple : *la cabine de l'A320 n'étant subitement plus pressurisée, les passagers ont dû utiliser les masques à oxygène, sans céder toutefois à la panique.*
Pressuré, « écrasé sous le pressoir », se dit de fruits dont on extrait le jus ou l'huile.
Seul *pressuré* connaît un emploi au figuré. L'image est limpide : on est *pressuré* quand on tire de nous tout ce que l'on peut donner. Exemple : « *Les fonctionnaires de police sont pressurés par les objectifs du ministère de l'Intérieur* », a déclaré un représentant syndical.

⚠ **Sous l'influence de l'anglais** to pressurize**, « faire pression sur quelqu'un »,** pressurisé **est de plus en plus employé là où** pressuré **s'impose. D'où des phrases incongrues, presque irréelles, telles que : « Les classes moyennes, pressurisées par les impôts, sont au bord de l'asphyxie. »**

PRÉTEXTE [et non « faux prétexte »]

Le mot *prétexte* renferme par définition l'idée de fausseté, de dissimulation : « raison mise en avant pour cacher le véritable motif d'une action ». Quand on parle de *prétexte*, on sous-entend toujours que la raison alléguée est mauvaise... ou qu'elle est pour le moins suspecte ! Exemple : *le ministre n'a pu rencontrer les représentants des salariés en grève, prétextant un emploi du temps trop chargé.*
Les formes renforcées « faux prétexte » ou « fallacieux prétexte » sont courantes et figuraient déjà dans le *Dictionnaire de l'Académie française* au XVIIe siècle. Néanmoins, elles sont pléonastiques* et sont à éviter dans un registre soutenu*.

PROLIFIQUE / PROLIXE

La confusion entre *prolixe* et *prolifique* est fréquente dans la presse, notamment dans les portraits d'artistes, d'écrivains, qualifiés à tort de *prolixes* quand est mise en avant l'abondance de leur œuvre.
Être *prolixe* n'est pas une qualité. Un orateur *prolixe* s'exprime trop longuement, un écrivain *prolixe* délaye ses écrits, il est verbeux, redondant.

Le mot *prolifique*, lui, est neutre, il ne fait que souligner l'abondance d'une production. Un écrivain *prolifique* est particulièrement fécond, il crée à profusion.
Prenons l'exemple de Georges Simenon, l'un des rares auteurs de langue française à avoir écrit plusieurs centaines de romans. « J'admire, chez un écrivain, cette grande et régulière fécondité », disait à son propos Marcel Aymé. Simenon fut assurément *prolifique*. Son style concis, ramassé, ne fait pas de lui un écrivain *prolixe*.
Distinguer soigneusement un auteur *prolifique* d'un auteur *prolixe*, c'est l'évoquer plus justement, plus respectueusement aussi.

PROLONGATION / PROLONGEMENT

Prolongation : « action de prolonger dans le temps ». Exemples : *la prolongation d'un délai, d'un contrat, d'un congé ; les prolongations d'un match.*
Prolongement : « action de prolonger dans l'espace ». Exemples : *le prolongement d'une autoroute, d'une ligne de tramway*, etc.
Au pluriel, avec une valeur temporelle : « suites, conséquences d'un événement ». Exemple : « *Toute violation de ma vie privée aura des prolongements devant les tribunaux* », *a prévenu le ministre.*

> À NOTER
> L'emploi de *prolongation* au sens spatial n'est pas fautif, mais il est vieilli* et peu courant.

PUBLICISTE

Le mot *publiciste*, dérivé de *public*, apparaît en français au XVIIIe siècle. Il a d'abord désigné un spécialiste du droit public, puis un journaliste.
Au début du XXe siècle, tandis qu'Apollinaire lit « les prospectus les catalogues les affiches qui chantent tout haut[1] », le mot revêt une signification nouvelle, empruntée à l'anglo-américain *publicist*, « professionnel de la publicité ».

---
1. « Zone », dans *Alcools*, 1913.

Cet anglicisme* est devenu inutile depuis que le français lui a substitué – tardivement, en 1930 – le terme *publicitaire*. Exemple : *cet ingénieux publicitaire a imaginé le slogan de la campagne électorale de François Mitterrand en 1981 : « La force tranquille »*.
Publiciste, renouant avec son sens d'origine, devrait s'employer uniquement pour désigner un juriste spécialisé en droit public.

Q

QUESTION (poser une) [et non « demander une question »]

On *pose* une question, on ne la « demande » pas, le mot *question* renfermant déjà l'idée de demande.
On voit généralement un calque de l'anglais *to ask a question* dans cette incorrection qui semble de plus en plus courante (elle est particulièrement répandue au Québec). Mais l'anglais est-il le seul coupable ? Cette fois, pas si sûr... Des constructions pléonastiques* analogues, qu'elles soient admises ou condamnées, ne sont pas rares en français : « offrir un cadeau », « prévoir à l'avance », etc.

RANIMER / RÉANIMER

Réanimer s'emploie dans le domaine médical (en lien avec le substantif *réanimation*). *Réanimer* un blessé, un noyé, c'est rétablir ses fonctions vitales. Cependant, la variante *ranimer* n'est pas rare et c'est ce terme qui est d'usage hors contexte médical, au sens de « ramener à la vie, ressusciter ». Exemple : *dans la mythologie égyptienne, Isis, sous la forme d'un oiseau, ranime Osiris.*
Seul *ranimer* a le sens figuré* de « redonner de la force, de l'énergie ». Exemple : *dès sa prise de fonctions, le ministre des Finances a déclaré qu'il souhaitait ranimer l'économie.* (*Réanimer l'économie* serait néanmoins une métaphore acceptable si le ministre jugeait la situation économique désespérée...)

⚠ Seul *ranimer* s'emploie pour « raviver le feu, les flammes » :

« Et plus tard un Ange, entr'ouvrant les portes,
Viendra ranimer, fidèle et joyeux,
Les miroirs ternis et les flammes mortes. »
　　　(« La Mort des amants », dans *Les Fleurs du mal*,
　　　　　　　　　　　　　　　Charles BAUDELAIRE)

RAPPELER (se) / SOUVENIR (se)

Rappeler étant un verbe transitif direct*, *se rappeler* se construit avec un complément d'objet direct. On *se rappelle quelqu'un, quelque chose*. Cependant, par analogie avec *se souvenir de*, la construction *se rappeler de* s'est introduite dans la langue dès le XVIIIe siècle. Cette tournure, bien que très courante aujourd'hui, est considérée comme incorrecte. On l'évitera, surtout à l'écrit, dans le registre soutenu*.

RASÉ DE FRAIS / RASÉ DE PRÈS

Être *rasé de frais*, c'est être fraîchement rasé, c'est-à-dire depuis très peu de temps.
Être *rasé de près*, c'est être soigneusement rasé. On le voit, les deux locutions* ont un sens très proche... à un poil près.

RÉALISER

Réaliser, au sens anglais de « prendre conscience de », s'est répandu en français dès la fin du XIXe siècle. Très critiqué tout au long du XXe siècle, l'anglicisme* a aussi eu ses défenseurs. « Il me paraît également vain de chercher à déposséder *réaliser* de la signification du *realize* anglais : nous en avons besoin. » (*Incidences*, André GIDE)
Gide n'en dit pas plus, il n'exprime pas une opinion linguistique, mais porte plutôt un témoignage d'écrivain. La phrase qui suit, extraite d'un roman de Simenon, pourrait servir d'illustration au point de vue gidien :

« Il se rendait compte qu'on l'appelait ; il ne savait pas où il était, il ne réalisait pas qu'il devait se lever ; au contraire, il s'enfonçait davantage dans un sommeil lumineux du matin. »

(*La Veuve Couderc*, Georges SIMENON)

On voit bien ici comment *réaliser* permet d'éviter la répétition de *se rendre compte que*, ou l'emploi d'une autre périphrase, *prendre conscience que*, qui allongerait, alourdirait la phrase.
De nombreux autres exemples pourraient attester l'utilité du sens anglais de *réaliser*. Il s'est de toute manière imposé

dans la langue littéraire comme dans la langue commune, à côté du sens fondamental de « rendre réel, effectif ».

REBATTRE LES OREILLES [et non « rabattre les oreilles »]

On *rebat les oreilles* à quelqu'un lorsqu'on lui répète sans cesse les mêmes choses. Cette expression est fréquemment déformée en « rabattre les oreilles » (ce qui ne permet plus d'entendre grand-chose), et plus rarement en « rabâcher les oreilles ».

Au sens propre*, *rebattre* signifie « battre de nouveau, battre à plusieurs reprises » (ex. : *rebattre les cartes*). Au sens figuré*, le verbe a pris une valeur péjorative dans l'expression *rebattre les oreilles*, ainsi que dans son dérivé adjectival *rebattu*. Exemple : *le nouvel essai de Marc-Antoine ne fait que brasser des idées rebattues* (c'est-à-dire sans cesse répétées, banales).

RÉCHAPPER

« Échapper à un grave danger. » Exemple : *bien que l'avion de Smile Airlines ait perdu ses deux ailes en vol, tous les passagers ont réchappé de ce terrible accident.*
On *réchappe de* quelque chose, on *en réchappe* :

« Il [l'élève Lebrac] emmêla si bien l'hectolitre et le double et le boisseau et la chopine, ses connaissances livresques avec son expérience personnelle, qu'il se vit fermement, et sans espoir d'en réchapper, fourrer en retenue de quatre à cinq d'abord, plus longtemps si c'était nécessaire, et s'il ne satisfaisait pas à toutes les exigences récitatoires du maître. »
(*La Guerre des boutons*, Louis PERGAUD)

⚠ Le tour « réchapper à », par analogie avec *échapper à*, est à éviter.

RECOUVRER / RECOUVRIR

Recouvrer : « récupérer, retrouver ce qu'on avait perdu » (registre littéraire*). *Recouvrer* est issu du latin *recuperare*,

qui a également donné *récupérer*. On *recouvre* la vue, la santé, la sérénité, mais aussi son bien, son argent, etc. « *L'occasion perdue ne se recouvre point* », affirme mélancoliquement le *Dictionnaire de l'Académie française* en 1694. Autre signification, plutôt douloureuse : le Trésor public *recouvre* l'impôt, c'est-à-dire qu'il le perçoit.
Recouvrer ne doit pas être confondu avec un verbe beaucoup plus courant, *recouvrir* : « couvrir de nouveau » (*recouvrir un canapé*) ou « couvrir entièrement » (*recouvrir les murs de peinture*).

⚠ *Recouvrer* (verbe du 1er groupe) et *recouvrir* (3e groupe) ont certaines formes de conjugaison identiques, notamment au présent et à l'imparfait de l'indicatif.
Bien noter les participes passés : il a *recouvré* (de *recouvrer*), mais il a *recouvert* (de *recouvrir*).

RÉFLÉCHIR À / RÉFLÉCHIR SUR

La construction *réfléchir sur* est attestée* en français avant le tour *réfléchir à*. C'est elle que l'on trouve en exemple dans la première édition du *Dictionnaire de l'Académie française*, en 1694 : « Je vous prie de réfléchir sur cette affaire. » On dirait plutôt aujourd'hui *réfléchir à cette affaire*, *réfléchir sur* ayant pris une valeur intellectuelle plus marquée et en venant à signifier « soumettre à un examen approfondi ». Exemple : *les évêques de France ont annoncé qu'ils allaient réfléchir sur les différences entre l'homme et la femme.*

RÉMUNÉRER [et non « rénumérer »]

Du latin *remunerare*, *rémunérer* subit l'attraction de mots comme *numéraire*, *numérique*, etc., d'où la prononciation fautive « rénumérer ». Exemple : *le Premier ministre s'est déclaré décidé à mettre un terme aux stages non rémunérés.*

RENSEIGNER (quelqu'un) [et non quelque chose]

« Les rubriques suivies d'un astérisque doivent être obligatoirement renseignées. » Ce type de formulation est habituel dans le jargon administratif et commercial mais il n'appartient pas au français régulier. On ne *renseigne* pas une demande d'inscription, d'adhésion, etc., on la *remplit*, on la *complète*.

RENTRER

Rentrer, c'est « entrer de nouveau ». Rien ne semble plus clair : le préfixe* *r-*, qui marque notamment la répétition, sert à composer de nombreux verbes : *ravoir*, *rouvrir*, etc. À strictement parler, une phrase comme « Les cambrioleurs sont rentrés dans la villa par le toit » signifierait donc que nos voleurs, ayant oublié quelque chose après une première intrusion, sont revenus sur place. De même, « Cette année, Jason rentre en sixième » laisserait entendre que Jason était déjà en sixième l'année précédente (ce qui est d'ailleurs bien possible). Pourtant, dans ces phrases comme dans beaucoup d'autres, *rentrer* est utilisé à l'évidence comme synonyme* d'*entrer*. Tout se passe comme si la valeur « itérative » (c'est-à-dire de répétition) du préfixe *r-* se faisait de plus en plus oublier dans *rentrer*. La même aventure est advenue au verbe *remplir*, qui s'emploie aujourd'hui au sens d'*emplir*, devenu plus rare. *Rentrer* finira-t-il par l'emporter sur *entrer* ? L'usage, qui a toujours le dernier mot, nous le dira un jour. En attendant, il vaut mieux éviter cet emploi « abusif mais courant », selon le *Petit Robert*, qui ne se laisse pas troubler pour si peu.

RESSORTIR À (quelque chose)

Dans le vocabulaire juridique, on dit d'une affaire qu'elle *ressortit à* une juridiction, c'est-à-dire qu'elle relève de sa compétence. Exemple : *le viol est un crime qui ressortit à la cour d'assises*. Le verbe est passé dans la langue littéraire au sens de « relever de, être relatif à ». Exemple : *le juge d'instruction, soupçonné d'être proche du pouvoir, a déclaré que ses opinions politiques ressortissent à la « sphère privée »*.

⚠ *Ressortir* (d'après le sens juridique) doit être distingué de son homonyme* *ressortir* (« sortir de nouveau »). Il se conjugue comme *finir* et non comme *sortir* : il *ressortit* et non il « ressort ». Bien noter également la construction *ressortir à* et non « ressortir de ».

RIEN DE MOINS QUE / RIEN MOINS QUE

Rien moins que signifie « nullement, aucunement ». Le sens en est négatif. Exemple : *René n'est rien moins que stupide* signifie littéralement : *il n'est pas une chose que René soit moins que stupide* (autrement dit, René n'est pas du tout stupide). Cette locution* est souvent confondue avec *rien de moins que* (« tout à fait, bel et bien ») qui a un sens positif. Exemple : *René est rien de moins qu'un fieffé imbécile* (cette fois, pas de doute : René est bel et bien un imbécile).

> **À NOTER**
> La distinction entre *rien moins que* et *rien de moins que* est relativement récente, puisque l'usage écrit a longtemps employé *rien moins que* dans un sens tantôt positif tantôt négatif. On usera avec précaution de ces locutions qui restent généralement mal comprises.

RIGOUREUX / VIGOUREUX

Vigoureux est dérivé du latin *vigere*, « être plein de force ». Le mot a conservé son sens étymologique*, et s'applique aux animaux comme aux hommes. Exemple : *un bon scout doit avoir l'esprit vif et le corps vigoureux*.
Quand on parle du climat, on emploie parfois par erreur *vigoureux* à la place d'un mot très proche phonétiquement : *rigoureux*. Les « présentateurs météo » nous le rappellent chaque année dans leur style inimitable : « *Cette brutale offensive du froid nous fait craindre un hiver rigoureux* » (c'est-à-dire « pénible, dur à supporter »). De même : un *froid rigoureux*, un *climat rigoureux*.

ROUVRIR [et non « réouvrir »]

Bien que « réouvrir » soit d'un usage courant, il est ignoré de la plupart des dictionnaires. *Rouvrir* est la forme traditionnelle et correcte de ce verbe qui est pourtant en lien avec *réouverture*.

À NOTER
Le préfixe* *re-* sert notamment à exprimer la répétition. Devant un mot qui commence par une voyelle (ou un *h* muet) *re-* devient *r-* (comme dans *rallumer, ravoir*, etc.) ou bien *ré-* (*réhabituer, réorganiser*, etc.). Certains mots alternent les deux formes en *r-* et *ré-*, comme *récrire / réécrire,* sans qu'il y ait changement de sens. D'autres mots sont à distinguer en fonction de la forme du préfixe (voir par exemple RANIMER / RÉANIMER).

S

SABLER LE CHAMPAGNE / SABRER LE CHAMPAGNE

Pour comprendre l'expression *sabler le champagne*, il faut partir du sens technique *sabler* au XVIIe siècle : « couler un métal en fusion dans un moule fait de sable ». De là vient le sens figuré* de « boire d'un trait » que l'on trouve au XVIIIe siècle dans *sabler un verre de vin* et *sabler le champagne* : « boire du champagne pour fêter un événement heureux ».
Bien entendu, rien n'empêche les plus audacieux de *sabrer le champagne*, c'est-à-dire de trancher le goulot d'un coup de sabre. Cette opération délicate compta quelques adeptes, paraît-il, parmi nos glorieux officiers de cavalerie du temps jadis.

SATISFAIRE / SATISFAIRE À

On *satisfait* un désir, un besoin. Un bon commerçant *satisfait* la clientèle, etc. Le verbe a ici le sens de « contenter ». *Satisfaire à* signifie « répondre à une exigence, remplir une condition ». Exemple : *les contrôleurs ont immobilisé l'avion dont les deux ailes sont endommagées. « Cet appareil ne satisfait pas aux règles draconiennes de la sécurité européenne », ont-ils déclaré.*

SAVOIR GRÉ [et non « être gré »]

Savoir gré est une locution* que l'on rencontre notamment dans les courriers administratifs. Exemple : *pour la bonne règle, je vous saurais gré de nous retourner la présente revêtue de votre signature.*

Je vous saurais gré est souvent altéré en « je vous serais gré », par analogie avec *je vous serais reconnaissant* qui a la même signification. Mais *gré* n'a jamais été un adjectif en français, ce qui rend cet emploi fautif.

Gré vient du latin *gratum*, dérivé de *gratus*, « bien accueilli, bienvenu », d'où le sens ancien en français de « reconnaissance ». Cette idée de gratitude ne s'exprime plus aujourd'hui que dans la locution *savoir gré*. Dans ses autres emplois, *gré* a le sens de « consentement » ou de « volonté » : *bon gré mal gré* « que cela plaise ou non » ; *de gré ou de force* « volontairement ou sous la contrainte » ; *contre son gré* « contre sa volonté », *de gré à gré* « par consentement mutuel », etc.

SOI-DISANT

Soi-disant signifie littéralement « disant de soi-même » et ne s'applique, au sens strict, qu'à un être doué de parole qui se prétend tel ou tel. Exemple : *ce soi-disant chirurgien a oublié des ciseaux dans l'abdomen de sa patiente.*

Soi-disant est formé du participe présent du verbe *dire* et du pronom *soi*, construction ancienne qui n'est plus comprise des locuteurs d'aujourd'hui. L'usage, ne retenant que l'idée de fausseté attachée à *soi-disant*, utilise couramment cet adjectif à propos d'une chose. C'est un emploi qui a été longtemps pourchassé par les grammairiens, à la suite de Littré* qui voyait là une « grosse faute ». Exemple : *les nutritionnistes dénoncent ce soi-disant régime miraculeux qui est dangereux pour la santé.* Dans une telle phrase, il est aisé de substituer *prétendu* à *soi-disant*, mais on peut difficilement tenir pour fautif un emploi qui s'est généralisé à l'oral comme à l'écrit, y compris sous la plume de nombreux écrivains souvent cités pour illustrer le « bon usage ».

⚠ *Soi-disant* est invariable. Les formes « soi-disante » ou « soi-disants » sont incorrectes. Par ailleurs, veiller à écrire *soi* et non « soit », qui est une faute courante.

SOLUTION DE CONTINUITÉ

Certains mots ont la particularité de signifier le contraire de ce qu'ils semblent vouloir dire. Ainsi – et contre toute attente – une *solution de continuité* désigne-t-elle une rupture, une interruption. Le mot *solution* n'est pas lié ici à l'idée de *résolution* ; il reprend l'un des sens du latin *solutio*, dont il est issu : « action de dissoudre ».

La locution* *solution de continuité* est attestée* au XIVe siècle, dans le vocabulaire de l'ancienne chirurgie. Aujourd'hui encore, dans le langage médical, elle désigne ce qui vient rompre la continuité d'un tissu (par exemple, une fracture est une *solution de continuité* osseuse).

Une *solution de continuité* peut s'appliquer à une chose concrète comme à une chose abstraite. Exemple : *ce dictateur a exercé le pouvoir pendant vingt-cinq ans sans aucune solution de continuité.*

⚠ **On évitera soigneusement le contresens qui consiste à employer** *solution de continuité* **pour désigner un moyen d'assurer une continuité.**

SOLUTIONNER

Solutionner est un verbe qui s'est répandu dans l'usage vers la fin du XIXe siècle pour se substituer à *résoudre*, dont la conjugaison est fort délicate. Il inspire généralement aux amoureux de la langue française une sainte horreur, proche du dégoût. Dans *Esthétique de la langue française* (1899), Remy de Gourmont a imaginé un personnage, M. Croquant, sorte d'ambassadeur du mauvais goût linguistique, qui collectionne les verbes sur le modèle de *solutionner* : « émotionner », « confusionner », « stupéfactionner », etc. Ce malheureux *solutionner* est pourtant moins barbare qu'il n'en a l'air, puisqu'il est formé sur le modèle des verbes du 1er groupe, du type *caution* → *cautionner*. Il est néanmoins d'usage de l'éviter dans une langue soignée.

> **À NOTER**
> Un *solutionniste* (mot rare et méconnu) est une personne de bonne volonté (mettons, par exemple, un homme politique) qui cherche sans relâche à « solutionner les problèmes ».

SOMPTUAIRE / SOMPTUEUX

Somptueux a d'abord signifié « qui a entraîné de grandes dépenses », avant de prendre son sens moderne de « magnifique, splendide » (notamment à propos de choses supposées coûteuses). Exemple : *l'appartement de fonction du ministre est décoré avec un somptueux mobilier Louis XVI.*
Plus rare, le mot *somptuaire* signifie « relatif aux dépenses ». Dans l'Antiquité romaine, les *lois somptuaires* étaient destinées à contrôler les dépenses, notamment en réduisant les dépenses de luxe. *Somptuaire* se dit d'ailleurs aujourd'hui de ce qui dénote un luxe jugé excessif. Cet emploi extensif est critiqué par les puristes, mais il est le seul qui maintient le mot dans l'usage. Exemple : *niant fermement avoir un train de vie somptuaire, le ministre a affirmé avoir des goûts simples.*

> **À NOTER**
> À cause du sens premier* de « lié aux dépenses », *dépenses somptuaires* est critiqué comme pléonasme*. On peut lui préférer *dépenses d'apparat*.

STUPÉFAIT / STUPÉFIÉ

Stupéfait est un adjectif qui s'emploie seul ou suivi de la préposition *de* et d'un complément. Exemple : *en rentrant des courses, Monique a été stupéfaite de trouver Brian en train de repasser ses leçons.*
Stupéfié est le participe passé du verbe *stupéfier*. Il permet une construction avec un complément d'agent. Exemple : *j'ai été stupéfié par les nouvelles du jour.*
« Être stupéfait par » est un solécisme* à éviter dans la langue soutenue*.

SUITE À

La locution* *suite à* est traditionnellement considérée comme relevant du langage administratif ou commercial (le fameux « suite à un problème technique... » que connaissent bien les usagers du métro parisien). Depuis quelques années, *suite à* gagne du terrain et tend à s'imposer dans la langue courante. On peut s'en agacer, mais *suite à*

n'est que la réduction de *comme suite à*, les procédés abréviatifs étant fréquents dans le français contemporain. Néanmoins, la locution *suite à* reste rare dans l'usage littéraire.
Dans une lettre, si l'on souhaite adopter un registre soutenu*, on aura recours à des formules du type : « Comme suite à ma lettre du... », « En réponse à votre courrier du... », etc.

SUPPLÉER

On *supplée* quelqu'un quand on le remplace provisoirement. Si le remplacement est définitif, on lui *succède*.
Exemple : *en France, en cas de vacance de la présidence de la République, le président du Sénat supplée le président de la République* (d'après l'article 7 de la Constitution de la Ve République).
Suppléer à quelque chose, c'est combler un manque, compenser une insuffisance. Le sujet peut désigner une personne ou une chose : « Dans les jeunes femmes, la beauté supplée à l'esprit. Dans les vieilles, l'esprit supplée à la beauté. » (*Mes pensées*, MONTESQUIEU)

⚠ **Bien noter la construction transitive directe quand le complément désigne une personne :** *suppléer quelqu'un*. **Ne pas dire « suppléer à quelqu'un ».**

SUR CES ENTREFAITES [et non « sur ces entrefaits »]

« À ce moment-là. » Exemple : *les élèves fumaient dans un recoin de la cour. Sur ces entrefaites, le proviseur surgit.*

> **À NOTER**
> *Entrefaite* est le participe passé substantivé du verbe de l'ancien français *entrefaire* (« faire dans l'intervalle »). Depuis le XVIe siècle, il ne s'emploie plus qu'au pluriel dans la locution* *sur ces entrefaites*.

⚠ **La locution adverbiale** *sur ces entrefaites* **est parfois déformée en « sur ces entrefaits » ou en « sur cet entrefait ».**

SUSPICIEUX

Suspicieux est un synonyme* de *soupçonneux*.
Suspicieux ne s'applique qu'à une personne – ou à son attitude –, jamais à une chose. Exemple : *la célèbre comédienne, suspicieuse, a découvert des dizaines de textos envoyés par son époux à une hôtesse de l'air.*
Si l'on est *suspicieux*, on conçoit des soupçons à l'égard de quelqu'un ou de quelque chose. Si l'on fait soi-même l'objet d'une *suspicion*, on est alors *suspect*.

⚠ Ne pas employer *suspicieux* au sens de « suspect ». Cet anglicisme* sémantique, introduit en français par le langage informatique (les trop fameux « fichiers suspicieux »), tend à se répandre dans l'usage courant.

T

TANT S'EN FAUT [et non « loin s'en faut »]

Dans la locution* *tant s'en faut* (« bien au contraire »), le verbe *falloir* n'exprime pas la nécessité mais le manque, ce qui est l'une de ses valeurs d'origine. Il ne peut s'employer qu'avec un adverbe qui marque la quantité (*peu s'en faut, beaucoup s'en faut, tant s'en faut*). Exemple : *ce n'est pas le meilleur roman de la rentrée littéraire, tant s'en faut.*
C'est par croisement entre *tant s'en faut* et *loin de là*, de même sens, qu'est née la forme fautive « loin s'en faut », qui se répand dans l'usage depuis la seconde moitié du XXe siècle.

TEMPÉRER / TEMPORISER

Temporiser, c'est retarder le moment d'agir dans l'attente d'un moment plus favorable. Ce verbe intransitif est dérivé du latin *tempus, temporis*, tout comme le sont des mots comme *temps, temporel, temporaire*. Exemple : *ce possible candidat à l'élection présidentielle temporise afin de se déclarer au moment le plus favorable.*
Depuis quelques années, *temporiser* tend à être confondu avec *tempérer*, verbe transitif direct* qui n'a pas la même étymologie* et dont le sémantisme est tout autre. *Tempérer* a conservé le sens du verbe latin *temperare* dont il est issu et qui signifie « adoucir, modérer ». Exemple : *le gardien de but a tempéré ses critiques contre l'entraîneur après un rappel à l'ordre de la Fédération française de football*. Du même

étymon latin est dérivé le mot *tempérance*, qui désigne la modération dans les désirs sensuels, mais aussi et surtout dans le boire et le manger. C'est dire si le mot est austère... Il y eut même, autrefois, des *sociétés de tempérance* qui combattaient l'abus de boissons alcoolisées.

TÉTRALOGIE [et non « quadrilogie »]

Une *tétralogie* désigne tout ensemble de quatre œuvres (musicales, littéraires, cinématographiques, etc.). Le mot est formé sur l'élément d'origine grecque *tétra-*, « quatre », qui a également donné *tétraplégie*, *tétrapode*, etc. Exemple : *Kévin a reçu à Noël la tétralogie d'*Alien *avec ses sept bonus*. *Tétralogie* étant un mot méconnu, il est concurrencé dans l'usage courant par le néologisme* « quadrilogie ». Emprunté au latin, *quadri-* signifie lui aussi « quatre », élément qui a servi à former des mots comme *quadrilatère*, *quadriphonie*, etc. Malgré son allure fort respectable, « quadrilogie » reste à ce jour ignoré des dictionnaires et ne s'emploie pas dans la « langue cultivée ».

> **À NOTER**
> Dans la Grèce antique, une *tétralogie* était un ensemble de quatre pièces que les poètes présentaient à des concours dramatiques. C'est dans le courant du XIXe siècle que le mot s'est mis à désigner tout ensemble de quatre œuvres formant unité.

TIRER LES MARRONS DU FEU

Cette expression est souvent comprise des usagers comme si elle signifiait « tirer profit d'une situation délicate ». Or, *tirer les marrons du feu*, c'est « se donner du mal, courir des risques pour le seul profit d'autrui ».
L'expression s'emploie par référence à la fable de La Fontaine, *Le Singe et le Chat*. Un singe rusé (Bertrand) obtient d'un chat crédule (Raton) qu'il prenne tous les risques pour son seul intérêt :

> « Aussitôt fait que dit : Raton avec sa patte,
> D'une manière délicate,
> Écarte un peu la cendre, et retire les doigts,
> Puis les reporte à plusieurs fois ;

Tire un marron, puis deux, et puis trois en escroque.
Et cependant Bertrand les croque. »

TOUR-OPÉRATEUR / VOYAGISTE

« Entreprise qui organise et vend des voyages à forfait. » *Tour-opérateur* est un calque paresseux de l'anglais *tour operator*. On lui préférera sans mal le néologisme* *voyagiste*, clair et parfaitement bien formé par dérivation* avec le suffixe* *-iste*, sur le modèle de nombreux mots : *cave* → *caviste*, *garage* → *garagiste*, etc.

> **À NOTER**
> Le pluriel de *tour-opérateur* est *tour-opérateurs*.

TROUVER UNE SECONDE JEUNESSE [et non « retrouver une seconde jeunesse »]

Trouver une seconde (deuxième) jeunesse est l'une des « promesses marketing » ressassées par les industries de l'agroalimentaire et du cosmétique à l'intention de ce qu'elles nomment les « seniors ». Mais nul n'a encore trouvé la formule qui permettrait de « retrouver une seconde jeunesse », ce qui impliquerait de *n'être plus de la première jeunesse*, ni même de la seconde...

u

UBUESQUE

Ubu roi, pièce célèbre d'Alfred Jarry (1896), met en scène un personnage grotesque, le Père Ubu, qui, sous la pression de sa femme, décide de renverser le roi de Pologne (une Pologne d'opérette) et de jouir d'un pouvoir absolu. Le Père Ubu personnifie la bêtise, la méchanceté et la lâcheté ; la Mère Ubu lui faisant une sérieuse concurrence. Tous ceux qui ont lu ou vu *Ubu roi* en ont retenu l'énergie sauvage et la force corrosive. Aussi est-on étonné, presque déçu, de découvrir le sens très affaibli* qu'a pris l'adjectif *ubuesque* dans l'usage, notamment dans le langage journalistique. Est devenue *ubuesque* toute situation absurde, voire simplement saugrenue. Certes, de très nombreux mots en français s'éloignent de leur valeur étymologique*, de leur sens premier*, pour prendre une nouvelle signification. Il en va ainsi de la vie, de la vitalité de la langue. Mais si l'on souhaite redonner à cet adjectif un peu de son esprit d'origine, alors *ubuesque* doit s'appliquer à un univers ou une situation où se mêlent le grotesque, la bêtise et la méchanceté... C'est dire si *ubuesque* bénéficie d'un vaste champ d'application.

UNANIMES [et non « tous unanimes »]

Des personnes *unanimes* sont toutes du même avis, ont toutes la même opinion. Une belle *unanimité* ne semble émaner que d'un seul esprit, d'une seule âme. C'est d'ail-

leurs l'étymologie* d'*unanime*, emprunté au latin *unanimus*, de *unus*, « un seul », et *animus*, « esprit, âme ».
La forme renforcée « tous unanimes » est donc pléonastique* et jugée incorrecte. De même, l'adjectif *unanimes* ne saurait varier en degré d'intensité. Les critiques d'un film ou d'un livre ne sont pas « assez unanimes » ou « plutôt unanimes ». Elles sont *unanimes* ou elles sont *partagées, divisées*.

> **À NOTER**
> L'adjectif s'emploie également au singulier pour exprimer un avis commun à tous. Exemple : *du* Monde *au* Figaro, *la presse est unanime à saluer cette comédie pétillante, jamais vulgaire*.

V

VACUITÉ / VIDUITÉ

La *vacuité*, c'est l'état de ce qui est vide. Le mot est surtout vivant aujourd'hui au sens figuré* de « vide intellectuel ». Exemple : *l'opposition a estimé que le discours du Premier ministre était d'une vacuité totale.*
Dans le vocabulaire juridique, la *viduité* est l'état de veuvage. Au sens figuré, et dans un registre très littéraire*, *viduité* désigne un état d'abandon, de solitude.

⚠ **Par attraction du mot** *vide*, **viduité est parfois employé à tort au sens de** *vacuité.*

VAUT MIEUX (il) [et non « il faut mieux »]

Il faut... ou *il ne faut pas*. Le verbe *falloir* exprime une obligation, il ne peut être nuancé en « il faut mieux, il faudrait mieux ». *Falloir* ne doit pas se substituer à *valoir*, qui s'emploie en tournure impersonnelle dans *il vaut mieux* (ou *mieux vaut*) : « il est préférable de ». Exemple : « *Il vaut mieux prévenir que guérir* », *a rappelé le ministre de la Santé, au nom du principe de précaution.*

VÉNÉNEUX / VENIMEUX

Vénéneux : « qui contient un poison (se dit surtout des végétaux) ».

Venimeux : « qui produit un venin (se dit d'un animal ou de l'un de ses organes) ».

Au sens figuré*, *vénéneux* désigne ce qui produit des effets néfastes sur autrui comparables à ceux d'un poison. Exemple : *aucun homme ne résiste à la beauté et au charme vénéneux de Laïde*.

Venimeux se dit d'une personne méchante, malveillante. Exemple : *venimeux, ce critique littéraire est redouté des écrivains*.

> ### À NOTER
> L'opposition généralement admise *végétaux vénéneux / animaux venimeux* est à nuancer : certains animaux toxiques par contact (par exemple par ingestion) sont dits *vénéneux*. Certains végétaux, telle l'ortie, sont considérés comme *venimeux* (leur venin est sécrété dans l'unique but de mettre en fuite un éventuel prédateur).

VOIRE / VOIRE MÊME

L'adverbe *voire* signifiant « et même », *voire même* est généralement condamné comme pléonasme*, bien qu'admis par l'Académie française et Littré*. Exemple : *la grève ayant été reconduite, le trafic sera perturbé, voire très perturbé sur l'ensemble du réseau*.

On se gardera surtout d'écrire *voir* à la place de *voire*, ce qui est très fréquent et bien plus fautif, puisque l'on confond alors deux mots de nature et de sens différents.

> ### À NOTER
> *Voire* est dérivé du latin *verus*, « vrai ». À partir du XVIIe siècle, *voire* est d'ailleurs employé au sens de « vraiment » pour marquer un doute ironique (registre littéraire*). Exemple : *Marc-Antoine, un grand écrivain ? Voire !*

Lexique

ANGLICISME
Un anglicisme est un emprunt à la langue anglaise. On distingue plusieurs sortes d'anglicismes :

l'anglicisme lexical
Le mot passe de l'anglais au français avec d'éventuelles modifications dans la prononciation ou dans la graphie. Exemple d'anglicisme lexical au Québec : « canceller » pour *annuler*.
(Voir d'autres exemples à CRASH ou à NOMINER.)

l'anglicisme sémantique
Un mot anglais donne l'un de ses sens à un mot français de forme voisine. Les anglicismes sémantiques ne sont pas identifiés par la plupart des usagers. Exemple : *opportunité* au sens d'« occasion favorable » est un anglicisme sémantique.
(Voir d'autres exemples à INITIER, RÉALISER.)

l'anglicisme syntaxique
C'est une traduction littérale d'une expression anglaise. Exemple : « demander une question » est un calque de l'anglais *to ask a question*.
(Voir cet exemple à QUESTION (poser une).)

ANTONYME
Du grec *anti*, « contre », et *onoma*, « nom ».
Des antonymes sont des mots de sens contraire. Exemple : *attractif* (« qui attire ») et *répulsif* (« qui repousse ») sont deux antonymes.
(Voir cet exemple à ATTRACTIF / ATTRAYANT.)

ARCHAÏSME

Un archaïsme lexical est un mot (ou une locution*) employé alors qu'il n'est plus dans l'usage et qu'il n'est plus compris. Certains archaïsmes survivent dans des expressions (voir des exemples à ès, LE VIVRE ET LE COUVERT) ou refont surface dans des œuvres littéraires, par effet de style.

ATTESTÉ

Un mot est attesté en... (date) lorsqu'on a pu en relever un premier exemple écrit à cette date.
Exemple : *réaliser* au sens anglais de « se rendre compte » est attesté en français en 1858, chez Baudelaire traduisant Edgar Allan Poe.

BARBARISME

Faute de langage. Un barbarisme désigne un mot déformé ou forgé. Exemple : « rénumérer » est un barbarisme pour *rémunérer*.
Barbarisme s'emploie aussi pour désigner une impropriété*.
(Voir des exemples à RÉMUNÉRER, OBNUBILER.)

DÉRIVATION

La dérivation est un procédé de création lexicale. Il consiste à ajouter à un « mot-base » un préfixe* ou un suffixe* pour fabriquer un nouveau mot. Exemple : *en/sable/ment* est formé de la base *sable* encadrée par le préfixe *en-* et le suffixe *-ment*.

DOUBLETS

Des doublets sont des mots qui ont la même étymologie*, mais qui ont une forme et un sens différents. Exemple : le mot latin *fragilis* a donné *frêle* (d'origine populaire) et *fragile* (de formation savante).
(Voir un autre exemple à HIBERNER / HIVERNER.)

ÉTYMOLOGIE

L'étymologie est l'étude de l'origine et de la filiation des mots. On appelle « étymologie d'un mot » cette origine elle-même. Exemple : l'étymologie latine du verbe *obnubiler* aide à comprendre sa signification en français.
(Voir cette étymologie à OBNUBILER.)

ÉTYMOLOGIQUE
(Voir Étymologie*.)

EXTENSION DE SENS
Il y a extension de sens d'un mot lorsqu'il prend un sens plus large, plus général qu'à l'origine. Si le phénomène inverse se produit, il y a restriction de sens. Exemple : *arcane*, qui signifie « opération mystérieuse » dans le vocabulaire de l'alchimie, a pris le sens général de « secret, mystère ».
(Voir des exemples à HARDE / HORDE, FORFAIT / FORFAITURE.)

GLISSEMENT DE SENS
Il y a glissement de sens d'un mot lorsqu'il change de sens par le passage d'une idée à une autre. Exemple : par glissements successifs, le sens du mot *glauque* est passé de « d'un vert bleuâtre » à « trouble, vague », puis à « sinistre, sordide ».
(Voir un exemple à ALTERNATIVE.)

HOMONYME
Du grec *homos*, « semblable », et *onoma*, « nom ».
Des homonymes sont des mots semblables par la forme, mais différents par le sens. Exemple : *détonner* (« sortir du ton ») et *détoner* (« exploser avec bruit ») sont deux homonymes. S'ils se prononcent de la même manière, ils sont homophones (le *son* / ils *sont*). S'ils s'écrivent de la même manière, ils sont homographes (des *fils* de soie / des *fils* indignes).

HOMONYMIE
(Voir Homonyme*.)

IMPROPRIÉTÉ
L'emploi d'un mot dans un sens qu'il n'a pas est une impropriété. Exemple : *ingambe* au sens d'« impotent » est une impropriété.
(Pour le sens de ce mot, voir INGAMBE.)

LITTRÉ
Émile Littré (1801-1881), lexicographe, est l'auteur d'un célèbre *Dictionnaire de la langue française* (1872) générale-

ment nommé « le Littré ». Très riche en exemples littéraires, il sera pendant près d'un siècle le grand dictionnaire de référence du public cultivé.

LOCUTION
Une locution est un groupe de mots figé formant unité du point de vue du sens. On distingue différentes sortes de locutions : locutions adverbiales (*en revanche*), locutions verbales (*savoir gré*), etc. Les locutions figurées sont couramment appelées « expressions ». Elles constituent une manière de s'exprimer à l'aide de figures de rhétorique (comparaison, métaphore, etc.).

NÉOLOGISME
Un néologisme est un mot nouveau (ou une locution* nouvelle), un mot récemment apparu dans la langue. Exemple : *courriel* est le néologisme officiellement proposé comme substitut d'*e-mail*.
(Voir des exemples à COURRIEL / E-MAIL, BIMENSUEL / BIMESTRIEL.)

NIVEAU DE LANGUE
Le niveau de langue désigne le registre (familier, soutenu, etc.) auquel tout locuteur se réfère quand il s'exprime. On distingue plusieurs registres qui varient selon les situations de communication :

registre familier
Le registre familier est celui de l'intimité (famille, amis, etc.) et de la spontanéité. Il implique un vocabulaire familier, voire grossier, une syntaxe relâchée. Il se réfère au modèle de l'oral.

registre courant
Le registre courant est celui de la vie quotidienne et tend à une certaine neutralité. On l'emploie dans des circonstances particulières de la vie sociale, professionnelle (par exemple avec des inconnus, ou des clients, des commerçants...).
Il se caractérise par le respect des règles grammaticales et un vocabulaire supposé connu de tous.

registre soutenu
Le registre soutenu (ou « soigné ») est celui des situations « surveillées » (discours, exposés divers, relations avec un supérieur hiérarchique...). Il requiert une attention particulière dans le choix des mots et de la syntaxe, exclut les mots familiers et les incorrections. Le registre soutenu appartient autant à l'oral qu'à l'écrit, même si son modèle est l'écrit.

registre littéraire
Le registre littéraire (proche du registre soutenu) se caractérise par une recherche dans le choix des mots et de la syntaxe (richesse du vocabulaire, complexité de la syntaxe). Le registre littéraire est spécifique à l'écrit (romans, essais, presse de qualité, etc.).

PARONYME
Du grec *para*, « à côté », et *onoma*, « nom ».
Des paronymes sont des mots de forme voisine mais de sens différent.
Exemple : *collision* (« choc entre deux corps ») et *collusion* (« entente secrète ») sont deux paronymes.
On ne parle généralement de paronymes que si les mots sont susceptibles d'être confondus (*éminent / imminent*, *conjecture / conjoncture*, etc.).

PLÉONASME
Un pléonasme est la répétition d'une même information dans un groupe de mots. Exemples : « monter en haut », « sortir dehors », « tous unanimes », etc.
On distingue généralement le pléonasme admis (celui qui donne plus de force à l'expression) du pléonasme fautif qui ne fait que répéter une information déjà exprimée. Cette distinction est difficile à déterminer ; en fait, le pléonasme semble surtout considéré fautif quand il est trop visible.
(Voir des exemples de pléonasme à PANACÉE, UNANIMES.)

PLÉONASTIQUE
(Voir Pléonasme*.)

PRÉFIXE
Un préfixe est un élément linguistique sans existence propre dans la langue. Placé devant un « mot-base », il permet la

formation d'un nouveau mot. Exemple : l'adjonction du préfixe *anté-* à l'adjectif *diluvien* a servi à former *antédiluvien*.
(Voir des exemples à ANTÉDILUVIEN, DÉNOTER / DÉTONNER, RENTRER.)

REGISTRE COURANT
(Voir Niveau de langue*.)

REGISTRE FAMILIER
(Voir Niveau de langue*.)

REGISTRE LITTÉRAIRE
(Voir Niveau de langue*.)

REGISTRE SOUTENU
(Voir Niveau de langue*.)

SENS AFFAIBLI
Il y a affaiblissement de sens d'un mot lorsque au cours de son évolution il perd de sa force expressive. Exemple : *gêner* a autrefois signifié « tourmenter, mettre à la torture » avant de prendre le sens affaibli de « mettre mal à l'aise ».

SENS ÉTYMOLOGIQUE
C'est le sens du mot tel qu'il apparaît dans son *étymon*, c'est-à-dire le mot dont il est lui-même issu.
Exemple : le mot *vigueur* a conservé son sens étymologique, *vigor* signifiant en latin « force, énergie ».
(Voir RIGOUREUX / VIGOUREUX.)

SENS FIGURÉ
Le sens figuré naît du passage d'une image concrète (sens propre*) à une relation abstraite (le plus souvent métaphorique).
Exemple : *collision*, « choc entre deux corps », a pour sens figuré « conflit, opposition ».
(Voir COLLISION / COLLUSION.)

SENS PREMIER
C'est le sens du mot tel qu'il est d'abord apparu en français, le sens d'origine.
Exemple : le sens premier du verbe *pallier*, « dissimuler une

chose condamnable sous une belle apparence », est aujourd'hui sorti d'usage.
(Voir PALLIER.)

SENS PROPRE
C'est le sens premier* du mot, considéré comme celui qui s'impose spontanément à l'esprit. Le sens propre s'oppose au sens figuré*. Exemple : au sens propre l'adjectif *noir* désigne une couleur, au sens figuré quelque chose de sombre, de désespéré (ex. : *un film très noir*).

SOLÉCISME
Faute de langage. Un solécisme désigne une construction syntaxique qui n'est pas admise. Exemple : « la chose que je te parle » est un solécisme pour *la chose dont je te parle*.

SOUTENU
(Voir registre soutenu dans Niveau de langue*.)

SUFFIXE
Un suffixe est un élément linguistique sans existence propre dans la langue. Placé après un « mot-base », il permet la formation d'un nouveau mot. Exemple : l'adjonction du suffixe *-iste* au mot *voyage* a permis la formation du néologisme* *voyagiste*.
(Voir des exemples à TOUR-OPÉRATEUR / VOYAGISTE, PÉCUNIAIRE.)

SYNONYME
Du grec *sun*, « avec », et *onoma*, « nom ».
Des synonymes sont des mots de sens identique (ou très voisin).
Les synonymes se distinguent toujours par une nuance, un contexte d'utilisation, le niveau de langue*. Exemple : *bouquin* est un synonyme familier de *livre*.
(Voir BOUQUIN / LIVRE.)

VERBE DÉFECTIF
Un verbe défectif est un verbe dont certaines formes de conjugaison sont inusitées. Ces verbes sont parfois en concurrence avec d'autres verbes plus récents qui présentent

une conjugaison complète. Exemple : le verbe défectif *clore* est concurrencé par *clôturer*.
(Voir des exemples à BRUIRE / BRUISSER, CLORE / CLÔTURER.)

VERBE TRANSITIF DIRECT
Un verbe est dit transitif parce que c'est par lui que « transite » (que passe) le sens de la phrase, du sujet vers l'objet. Il est transitif direct lorsqu'il se construit directement avec le complément d'objet, sans l'intermédiaire d'une préposition. Exemple : *pallier* est un verbe transitif direct. On *pallie quelque chose* et non pas « à quelque chose ».
(Voir des exemples à ATTESTER, PALLIER.)

VERBE TRANSITIF INDIRECT
Un verbe est dit transitif parce que c'est par lui que « transite » (que passe) le sens de la phrase, du sujet vers l'objet. Il est transitif indirect lorsqu'il introduit le complément d'objet par l'intermédiaire d'une préposition. Exemple : *enjoindre* est un verbe transitif indirect. On *enjoint à quelqu'un* de faire quelque chose.
(Voir à ENJOINDRE.)

VIEILLI
Un mot vieilli est sorti de l'usage courant, mais il est encore utilisé et compris par une partie des locuteurs. Exemple : *brimborion*, « petit objet de peu de valeur », est un mot vieilli. On dit plutôt aujourd'hui *bibelot*, *babiole*.
(Voir des exemples à COLLETER (se) / COLTINER (se), DE CONCERT / DE CONSERVE.)

Bibliographie

Dictionnaire universel, Antoine Furetière, 1690.
Dictionnaire de l'Académie française, éditions de 1694, 1762, 1798, 1835, 1932-1935, 9e édition en cours.
Dictionnaire de la langue française, Émile Littré, 1863-1872.
Trésor de la langue française, CNRS, 1971-1994.
Petit Larousse, 2011.
Petit Robert, 2011.

Dictionnaire étymologique de la langue française, 6e édition, Oscar Bloch et W. von Wartburg, PUF, 1975.
La Puce à l'oreille, Claude Duneton, Balland, nouvelle édition, 1990.
Dictionnaire des expressions et locutions, Alain Rey et Sophie Chantreau, Le Robert, 2e édition, 1993.
Grammaire française, Hervé-D. Béchade, PUF, 1994.
Dictionnaire historique de la langue française, sous la direction d'Alain Rey, Le Robert, 2e édition, 1998.
Nouveau Dictionnaire des difficultés du français moderne, Hanse/Blampain, Duculot, 2000.
Dictionnaire des difficultés du français, Daniel Péchouin et Bernard Dauphin, Larousse, 2001.
Dictionnaire des difficultés du français, Jean-Paul Colin, Le Robert, 2e édition, 2002.
Le Bon Usage, Maurice Grevisse et André Goosse, De Boeck-Duculot, 14e édition, 2007.
Merci professeur ! Chroniques savoureuses sur la langue française, Bernard Cerquiglini, Bayard, 2008.

Banque de dépannage linguistique, mise en ligne par l'Office québécois de la langue française (www.oqlf.gouv.qc.ca/).

Index

À / chez (+ nom de lieu), 7
À l'attention de / à l'intention de, 7
À l'instar de, 8
Acception (d'un mot) [et non « acceptation »], 8
Achalandé (bien, mal), 8
Acronyme / sigle, 9
Agonir / agoniser, 9
Aïeuls / aïeux, 10
« *Ainsi donc* » → « Car en effet »
Aller droit dans le mur → Être au pied du mur / être le dos au mur
Allocution / élocution, 10
Alternative, 11
Amener / apporter, 12
Antédiluvien [et non « antidiluvien »], 12
Aparté, 12
Apporter → Amener / apporter
Aréopage [et non « aéropage »], 13
Astérisque [et non « astérixe »], 13
Attester, 14
Attractif / attrayant, 15
Au jour d'aujourd'hui, 15
Avérer (s'), 16

Avoir maille à partir [et non « avoir maille à partie »], 16
Avoir voix au chapitre [et non « avoir droit au chapitre »], 17

Baser, 18
Biennal → Bisannuel
Bimensuel / bimestriel, 18
Bisannuel, 19
Bouquin / livre, 19
Bourrelé de remords [et non « bourré de remords »], 20
Bruire / bruisser, 20

Caparaçon [et non « carapaçon »], 21
« Car en effet », 21
Chafouin, 22
Chez → À / chez (+ nom de lieu)
Clore / clôturer, 22
Colleter (se) / coltiner (se), 22
Collision / collusion, 23
« *Comme par exemple* » → « Car en effet »
Commémorer, 23
Compendieusement, 24
Compréhensible / compréhensif, 24
« Confusant », 24
Conjecture / conjoncture, 25

Conséquent, 25
Controverse [et non « controverse »], 26
Coordinateur / coordonnateur, 26
Coupe claire / coupe sombre, 26
Courbatu / courbaturé, 27
Courriel / e-mail, 27
Crash, 28
Crasher (se) → Crash

De concert / de conserve, 29
De suite / tout de suite, 29
Débuter, 30
Décade / décennie, 30
Décimer, 30
Dédicacer, 31
Dédier, 31
Démarrer → Débuter
Démystifier → Mythifier, démythifier / mystifier, démystifier
Démythifier → Mythifier, démythifier / mystifier, démystifier
Dénoter / détonner, 32
Dentition / denture, 32
Détonner → Dénoter / détonner
Deuxième / second, 33
Digression [et non « disgression »], 33
Dilemme → Alternative
Discuter / discuter de, 33
Dispatcher, 34
Dispendieux, 34
Disposer / stipuler, 34
Domestique, 35
Draconien / drastique, 35

E-mail → Courriel / e-mail
Effraction / infraction, 37
Élocution → Allocution / élocution

Éminent / imminent, 37
Émotionner, 38
En définitive [et non « en définitif »], 38
En ligne / on line, 38
En revanche / par contre, 39
Endémique → Épidémie / épizootie / pandémie
Enfant prodige / enfant prodigue, 39
Enfantin / infantile, 40
Enjoindre, 40
Ennuyant / ennuyeux, 41
Enquérir (s') [et non « s'enquérir de savoir »], 41
Épidémie / épizootie / pandémie, 42
Éponyme, 42
Éruption / irruption, 43
Ès (ès lettres, ès sciences, etc.), 43
Être au pied du mur / être le dos au mur, 43
Évoquer / invoquer, 44

Faire long feu / ne pas faire long feu, 45
Faute d'attention / faute d'inattention, 45
Forfait / forfaiture, 46
Fruste / rustre, 46
Funèbre / funéraire, 47

Genèse [et non « génèse »], 48

Harde / horde, 49
Hiberner / hiverner, 49
Hot line → En ligne / on line

Imminent → Éminent / imminent
Impacter, 50
Impassible / impavide, 50
Impéritie / incurie, 51

Impétrant, 51
Inclinaison / inclination, 51
Incurie → Impéritie / incurie
Infantile → Enfantin / infantile
Infecter / infester, 52
Infraction → Effraction / infraction
Ingambe, 52
Initier, 53
Invoquer → Évoquer / invoquer
Irruption → Éruption / irruption

Judiciaire / juridique, 54
Juré / jury, 54

Livre → Bouquin / livre
Le clos et le couvert → Le vivre et le couvert
Le gîte et le couvert → Le vivre et le couvert
Le vivre et le couvert, 55
Low cost, 55
Luxuriant / luxurieux, 56

Macabre / morbide, 57
Magnificence / munificence, 57
Maligne [et non « maline »], 58
Mandat / mandature, 58
Mettre à jour / mettre au jour, 59
Mitiger, 59
Morbide → Macabre / morbide
Munificence → Magnificence / munificence
Mystifier → Mythifier, démythifier / mystifier, démystifier
Mythifier, démythifier / mystifier, démystifier, 59

Ne pas faire long feu → Faire long feu / ne pas faire long feu
N'être pas sans savoir [et non « n'être pas sans ignorer »], 60
Nominer / nommer, 60
Notable / notoire, 61

Obnubiler [et non « omnubiler » ou « omnibuler »], 62
Odorant / odoriférant, 62
On line → En ligne / on line
Opportunité, 63
Oppresser / opprimer, 63
Ostensible / ostentatoire, 64

Pallier, 65
Panacée [et non « panacée universelle »], 65
Pandémie → Épidémie / épizootie / pandémie
Paraphrase / périphrase, 66
Par contre → En revanche / par contre
Participer à / participer de, 66
Pécuniaire [et non « pécunier »], 66
Perdurer, 67
Péremption (date de) / préemption, 67
Péril en la demeure (il y a, il n'y a pas), 68
Périphrase → Paraphrase / périphrase
Perpétrer / perpétuer, 68
Personnaliser / personnifier, 68
Pire / pis, 69
Policé (pays) / policier (État), 69
Potron-minet (dès) [et non « poltron-minet »], 70
Pourriel → Courriel / e-mail

Préemption → Péremption (date de) / préemption
Pressuré / pressurisé, 70
Prétexte [et non « faux prétexte »], 71
Prolifique / prolixe, 71
Prolongation / prolongement, 72
Publiciste, 72
Publicitaire → Publiciste
« *Puis ensuite* » → « Car en effet »

Question (poser une) [et non « demander une question »], 74

Ranimer / réanimer, 75
Rappeler (se) / souvenir (se), 76
Rasé de frais / rasé de près, 76
Réaliser, 76
Réanimer → Ranimer / réanimer
Rebattre les oreilles [et non « rabattre les oreilles »], 77
Réchapper, 77
Recouvrer / recouvrir, 77
Réfléchir à / réfléchir sur, 78
Rémunérer [et non « rénumérer »], 78
Renseigner (quelqu'un) [et non quelque chose], 78
Rentrer, 79
Ressortir à (quelque chose), 79
Rien de moins que / rien moins que, 80
Rigoureux / vigoureux, 80
Rouvrir [et non « réouvrir »], 80
Rustre → Fruste / rustre

Sabler le champagne / sabrer le champagne, 82
Satisfaire / satisfaire à, 82

Savoir gré [et non « être gré »], 83
« *Scratcher (se)* » → Crash
Second → Deuxième / second
Sigle → Acronyme / sigle
Soi-disant, 83
Solution de continuité, 84
Solutionner, 84
Somptuaire / somptueux, 85
Souvenir (se) → Rappeler (se) / souvenir (se)
Stipuler → Disposer / stipuler
Stupéfait / stupéfié, 85
Suite à, 85
Suppléer, 86
Sur ces entrefaites [et non « sur ces entrefaits »], 86
Suspicieux, 87

Tant s'en faut [et non « loin s'en faut »], 88
Tempérer / temporiser, 88
Tétralogie [et non « quadrilogie »], 89
Tirer les marrons du feu, 89
Tour-opérateur / voyagiste, 90
Tout de suite → De suite / tout de suite
Trouver une seconde jeunesse [et non « retrouver une seconde jeunesse »], 90

Ubuesque, 91
Unanimes [et non « tous unanimes »], 91

Vacuité / viduité, 93
Vaut mieux (il) [et non « il faut mieux »], 93
Vénéneux / venimeux, 93
Viduité → Vacuité / viduité
Vigoureux → Rigoureux / vigoureux
Voire / voire même, 94
Voyagiste → Tour-opérateur / voyagiste

Librio

997

Composition PCA – 44400 Rezé
Achevé d'imprimer en Italie par Grafica Veneta
en juillet 2011 pour le compte de E.J.L.
87, quai Panhard-et-Levassor, 75013 Paris
EAN 9782290030110
Dépôt légal juillet 2011

Diffusion France et étranger : Flammarion